세계는 왜
베이징대로
몰리는가

세계는 왜 베이징대로 몰리는가

김혜진 지음

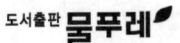

세계는 왜 베이징대로 몰리는가

지은이 / 김혜진
펴낸이 / 우문식
펴낸곳 / 도서출판 물푸레
2002년 10월 1일 초판 인쇄
2002년 10월 7일 초판 발행
등록번호 / 제1072-25호
등록일자 / 1994년 11월 11일
경기도 안양시 동안구 호계1동 994-5
TEL / (031)453-3211, FAX / (031)458-0097
e-mail / mpr@mulpure.com
homepage / www.mulpure.com

값 8,500원
ISBN 89-8110-154-X

추천사

1970년대 후반 중국이 죽의 장막을 살며시 들치고 미국에게 탁구 시합을 하자고 손짓했을 때 세계는 모두 깜짝 놀랐다. 그리고 그 후 어떻게 중국이 조금씩 조금씩 그 장막을 거두어 가는지 주목했다.

중국은 세계 인구의 4분의 1을 가지고 있는 나라다. 세계가 촉각을 있는 대로 세우고 주목하고 있는 것은 당연한 일이다. 그 당시 미국에 살고 있었던 나는, "8억 중국인이 모두 코카콜라 한 병씩을 1달러에 사도 8억 달러가 되는 돈이다"라는 말에 8억 달러라면 8이라는 숫자 뒤에 동그라미가 몇이나 붙어야 되는 건가 하고 세어 보았던 생각이 아직도 난다. 중국에 코카콜라 한 병씩만 팔아도 8억 달러라니! 어찌 중국이 필요로 하는 것이 코카콜라에 한할 것인가! 만약 우리가 즐기고 또 아시아에서 인기 있는 초코파이 박스를 1달러에 판다면 그 역시 엄청난 돈이 아닌가! 현재 13억의 인구에 원화로 치면 1조 5,600억이 되는 돈이었다.

　21세기가 되어선 13억 인구의 중국이 바로 우리 옆에 있다. 미국에서 태평양을 건너 코카콜라 팔기보다는 우리나라에서 초코파이 팔기가 여러모로 수월한 입지에 우리는 자리하고 있다. 이것이 얼마나 큰 횡재의 기회인지 모른다. 반만년 동안 중국 옆에서 그 동안 겪어 온 어렵고, 고민스럽고, 고통스러웠던 모든 과거를 씻어 내고 실속 차릴 수 있는 기회가 드디어 온 것이다.

　1984년에 거의 한 달 가량을 중국 여기저기 돌아다니며 여행했다. 그 때만 해도 중국은 반세기가 넘는 긴 시간 동안의 잠에서 막 깨어나고 있다는 느낌이 들었다. 겨울잠을 자는 양 모든 것이 우리나라 같은 자본주의 국가에 비해 맥박도 느리고 숨도 느린 듯한 기분이었다. 베이징 거리에는 아직도 인분을 치워 가는 마차가 다녔고, 도로는 자동차는 거의 없이 자전거로 밀려 넘치고 있었다. 조선족들이 사는 연변은 마치 6.25 전의 한국을 보듯이 타임머신 속 세상 같았다. 느릿느릿 길을 가는 소달구지에 개천에선 아이들이 멱을 감고 있었다. 내가 들고 있는 별 볼품 없는 카메라를 보고, "미국서는 몇 달치 월급 모으면 그런 카메라 살 수 있느냐?"고 물었다.

　20년도 채 안 된 사이에 중국은 기하급수적인 곡선을 그리며 하루가 다르게 달라지고 있다. 이런 변화가 중국이 아닌 다른 어느 자그마한 나라에서 일어나고 있다면 그리 법석떨 일이 아닐 것이다. 13억 인구를 가진 중국이기 때문에 엄청난 변화를 지구에 가져오고 있다. 그런 중국이 바로 우리 옆에 있다.

반만 년 역사를 자랑하는 우리나라가, 중국과는 끊을래야 끊을 수 없는 인연을 가지고 있는 우리나라가 이렇게 기막힌 절호의 찬스를 놓치지 않고 21세기로 도약하기 위해서는 무엇보다 먼저 중국을 알아야 한다. 그들의 생각, 문화, 정치, 사회, 경제를 알아 그들과 교류하고, 무역하고, 외교하는 것에 우리의 장래가 달려 있다고 봐도 틀림없기 때문이다.

중국은 작은 나라가 아니다. 인구는 세계 제일이지만 땅도 역시 제일 넓다. 아무리 배워도 다 알 수 없다. 지리적으로 가까이 있고 지난 5,000년간 중국의 영향을 지대하게 받아 왔음에도 그들은 우리와 너무 다른 점이 많고, 알지 못하는 바도 끝이 없다. 아마 알아보려고 든다는 자체가 가소로운 일인지도 모른다. 그렇다고 이 좋은 기회를 놓칠 수는 없다. 힘 자라는 데까지는 중국을 알도록 노력해야 할 것이다. 아마 이것은 앞으로 오는 몇 년, 몇 십 년, 혹은 다음 세기까지도 이어져 가야 할 우리의 과제가 아닐까 싶다.

이 시점에서 김혜진 씨가 중국 교육에 대하여 실질적이고 현실적인 책을 내어놓은 데에 반가움을 금할 수 없다. 한 나라의 교육은 그 나라의 장래를 점치고 예언할 수 있는 자료라고 본다. 10년 후, 50년 후, 100년 후의 중국을 알고 싶으면 오늘 그들의 교육을 들여다보면 무엇보다 정확하리라는 것이 내 생각이다.

우리나라의 수많은 학생들이나 부모들이 이런 점들을 깨닫고, 감지하고 중국 유학을 이미 하고 있거나 계획하고 있다. 필요하고 권장할 일이다. 그러나 자칫 잘못 알고, 혹은 미리 정보를 알지 못해서 손해보고 고생하고 실패하기 쉬운 것이 유학이기도 하다. 다행히 저자는 다방면에서 중국을 알고자 하는 사람들에게, 유학을 꿈꾸거나 계획하는 학생들에게 자세한 정보와 자료를 제공해 주고 있다. 그게 도움이 되리라고 믿어 마지않는다.

김성혜
『서울대보다 하버드를 겨냥하라』의 저자

프롤로그

경고! 중국, 어떤 나라인지 알고 가자

최근 몇 십 년 전부터 일어나고 있는, '아메리칸 드림'에 뒤따른 '차이나 드림'에 발 맞추기 위해 많은 학부모들이 너도나도 자녀들을 중국으로 보내고 있다. 우리 앞집 아주머니 자녀들도 어느 날 모두 감쪽같이 사라져서 알고 보니 중국으로 귀양 아닌 귀양을 가 버렸단다. 모두 시대에 발 맞추고 사회 변화에 뒤쳐지지 않기 위해서 너나 할 것 없이 짐보따리 싸들고 중국으로 간다. 이제 신문에는 '영어는 필수, 중국어는 기본'이라는 글귀가 여기저기 눈에 띈다.

중국에 가 보면 "아니 세상에"라고 할 정도로 미래의 호황을 꿈꾸며 온 많은 한국인들의 숫자에 입이 딱 벌어진다. 이미 중국에 있는 한국인 수는 3만 명이 넘는다고 한다. 정말 세계로 뻗어 가는 우리나라 사람들의 교육열과 학구열(?)에 감탄을 금하지 않을 수 없다. 한국 사회에서 영어를 하면 누릴 수 있는 특권을 '중국어'를 통해서도 기대해 본다.

하지만 뚜렷한 목적을 가지고 중국으로 간 기특한 학생들과 아저씨나 아주머니들도 많지만, 정말 아무것도 모르면서 옆집 가고 앞집도 가고 같은 반에 친한 친구도 갔다니까, 물가 싸지 그에 비해 미래는 보장될 것 같지 해서 엉겁결에 중국으로 거주를 옮긴 불쌍한 어린 양들도 정말 많다.

그러나 어린 나이에 룸 살롱에 빠진 아이들. 인생의 목표와 꿈보다 좌절을 먼저 알아 버린 아이들. 자신의 정체성을 제대로 파악하기도 전에 부모로부터 떨어져 외로운 유학 생활을 견디지 못하고 한국인들 집단 생활에 묻혀 버린 아이들. 진짜 국제적으로 한국 망신 톡톡히 시키고 다니는 사람들. 누구를 탓하랴. 중국에서 지내는 동안, 참 화도 많이 나고 안타깝기도 해서 이 책을 쓰기로 마음먹었다.

정말 큰 꿈 안고 중국 와서 큰 벽에 부딪치고 마는 아이들. 아무것도 모르고 유학이라면 어느 나라나 비슷하겠지, 중국 가서 몇 년 구르다 보면 졸업장 따고 중국어 해서 어디인들 취직 못할까. 자식 사랑이 넘쳐서, 하지만 어떻게 베풀지 모르는 부모들을 위해서 이 책을 쓴다.

중국에 사업하러 간다고 짐 보따리, 돈 보따리 싸들고 간 한국인들이 쫄딱 망했다는 소리는 왜 그리 많이 들려 오는지! 그 나라의 문화적 상대성, 문화적 차이도 제대로 이해하지 못하면서 무턱대고 중국인들 비하하면서 그네들을 손가락질하며 비웃는 사람들. 하지만 정작 아무것도 모르고 자식들 돈만 쥐어들고 중국에 보내면 뭔가 길이 보이겠지 하며 간 사람들과 별반 다를 바가 뭐 있으랴.

중국 학교에서 가짜 졸업장을 만들어 내고, 턱없이 과외비를 올리는 데 한몫 톡톡히 하고 있는 한국 부모들. 정규 교육보다는 한국 학생으로부터 과외비 버는 데 정신 팔린 중국 선생들. 이젠 아예 한국 학생들만 보면 돈부터 긁어 내자고 생각하는 중국인들을 만들어 낸 게 누구 잘못이겠는가? 가짜 졸업장 따고, 중국말은 제대로 하지도 못하면서 HSK(중국어 수평 고시) 점수만 높은 학생들을 데리고 우리가 무엇을 할 수 있을까?

중국에 대해 조금이라도 관심이 있는 이라면 먼저 이 책을 읽고 중국의 교육 문화부터 이해해 줬으면 더 이상 바램이 없겠다. 무턱대고 학교에 들어간다고 모든 일이 끝나는 건 아니다. 중국의 교육 체계가 어떤지, 그 곳 학생들이 무엇을 생각하고 있는지, 과연 우리가 그들과 나눌 수 있는 공감대는 무엇인지 정도는 사전 지식으로 알고 발을 떼도 떼어야 되지 않겠는가?

한석봉 어머니 밑에서 한석봉 같은 위인이 나오는 것처럼 현명한 부모라면 뭔가 알고 자녀에게 베풀어 주는 게 진정한 자녀 사랑이라는 데는 동의할 것이다.

덧붙여, 좋은 학교인 줄 알고 무턱대고 중국에 가서 알고 보니 이건 죽도 밥도 아닌 학교에 속아넘어간 수백 명의 한국 유학생들을 위해, 그래도 꿈을 잃지 않고 열심히 공부하는 그네들을 위해, 이제 그만 방탕한 생활에서 벗어나 나라 망신이라도 덜 시켜 달라고 부탁하고 싶은 한국 유학생들을 위해, 중국에 살면서도 마오쩌뚱 동상을 보고 "저 사람 누구야" 하던 사람들을 위해 이 글을 쓴다.

| 차례 |

- 5 추천사
- 9 프롤로그 – 경고! 중국, 어떤 나라인지 알고 가자

제 1 장_ 왜 베이징대인가

- 19 왜 베이징대인가
- 23 외국에도 부는 차이나 붐
- 26 결정은 화끈하게 행동은 과감하게

제 2 장_ 중국의 교육 시스템

- 33 내겐 너무 귀중한 자녀
- 43 중국의 인기 있는 학원들
- 50 중국의 교육 체계
- 63 중국 대학
- 67 중국 대학 입학 시험
- 71 중국 대학 이해하기
- 82 중국 대학 어떻게 졸업하나
- 84 너무도 다양한 교육의 기회

제 3 장_ 중국의 외국 유학생 교육

- 91   중국의 외국 유학생 교육
- 93   외국인으로서 중국 학교에 적응하기
- 95   외국인의 중 · 고등학교 입학은?
- 97   어떤 학교에 다녀야 하지?
- 121   중국 대학 들어가기
- 128   한국인들이 많이 가는 중국 대학 학과는?
- 133   베이징으로 베이징으로
- 135   범람하는 가짜 졸업장
- 137   영원한 외국인
- 139   유학 비용

제 4 장_ 중국에서 유학 생활 어떻게 하나

- 145   중국에 가기 전
- 149   중국에 도착하고 나서

중국 통장, 현금 카드 만들기/ 송금 받기/ 거류증 신청하기/ 전자 제품/ 위조 지폐/ 자전거/ 전화/ 중국에서 여권을 잃어버리면?/ 일시 귀국시 유의 사항/ 기숙사 밖에 나가 살 때 필요한 절차/ 후다오(중국 가정교사)/ 중국에서의 유혹/ 중국 가정부/ 중국에서 챙길 것들

168 　중국 학교에 입학하기 위한 절차
　　　　조기 유학생 구비 서류/ 일반 학생 구비 서류/ 비자
176 　권장하고 싶은 중국에서의 공부 방법

제 5 장_자료편

197 　HSK(중국어 수평 고시)/ CPT 이해하기
202 　중국 지역별 대학 살펴보기
239 　전공별 대표 학교
240 　중국 유명 대학들의 인터넷 주소/
　　　　중국 정보 관련 인터넷 주소

246 　에필로그 – 중국에 왜 가세요?

제 1 장
왜 베이징대인가

왜 베이징대인가

중국 경제는 지금 급성장하고 있다. 경제 분야의 관심이 다른 나라보다 늦게 시작되었다는 콤플렉스 때문인지 조바심인지 그만큼 중국은 경제 발전에 집중 포격을 퍼붓고 있다. 그 발전 속도도 빨라 중국의 하루는 다른 나라의 몇 달치처럼 빠르게 변화하고 있다.

미국과 한국에서만 봐도 중국학, 중국 경제학 분야의 학과는 이제 대학가에서 인기 상위 자리를 독차지하고 있다. 중문과는 몇 년 새에 영문과에 이어 가장 경쟁이 치열할 정도로 인기 있는 과가 되어 버렸고, 조기 유학도 영어권 나라에 이어 인기 순위 2위를 차지하고 있다. 출판 쪽에서도 중국에 관한 정치, 경제, 상업 등을 다룬 온갖 책들이 흥미 반 두려움 반으로 한 달에 몇 권씩 나오고 있다. 사이버 공간에서도 중국에 관련된 전문 홈페이지가 급속도로 성장하고 있고, 중국어는 영어에 이어 두 번째로 컴퓨터 상에서 가장 많이 다룰 언어로 급부상하고 있다.

하지만, 교육 분야에선 다르다. 아직까지 두터운 선입견이 자리잡고 있다. 중국 교육과 학교를 이야기할 때 많은 사람들이 중국 학교를 하나의 도피처로 생각한다던가 얕잡아 본다던가 중국 교육 자체에 대한 의구심을 가지고 있다. 개방과 개혁의 시기가 많이 뒤떨어진 만큼 중국 교육 수준과 문화가 우리나라보다 많이 뒤떨어져 있지 않을까 하고 걱정하는 부모님들도 많다.

한국 TV에 나오는 한국 학생들의 중국 유학 생활은 정말 보기 불편할 정도로 극단적으로 매도되고 있다. 그 곳의 한국 젊은이들은 한국 사회에 적응하지 못한 패배자 같은 이들로 다루어진다. 사실 중국 개방 초기에만 해도 그런 이유로 중국 학교를 찾은 이들이 많았다는 것은 부정할 수는 없다. 하지만 중국의 한국 유학생들이 한두 번 술을 마셔도 마치 큰 범죄를 짓는 것처럼 치부되니 그 곳에서 열심히 공부하는 많은 학생들이 울화통이 터질 만하다. 중국 대학에서 교육을 받았다고 한 단계 낮은 취급을 받기도 한다. 내가 너무 극단적으로 이야기한다고 비판할 사람이 있을지 모르겠지만 "어디에서 공부하세요?"라는 질문에 "미국에서요", "중국에 있어요"라는 두 가지 다른 대답에서 사람들의 반응이 너무나 틀린 걸 몸소 느꼈으니 어쩌랴!

하지만, 분명히 강조하고 싶은 것은 중국 교육의 변화 속도와 투자 정도는 경제 분야만큼 활발히 이루어지고 있다는 사실이다. 북경대학(北京大學-베이징 다쉬에)이나 청화대학(靑華大學-칭화 다쉬에)의 경우는 세계 대학 순위에서 톱을 달릴 만큼 세계적으로 명성이 높다. 현재 한국 대학에서도 너도나도 앞다투어 중국 대학과의 교환 학생 제

▲ 북경대학 도서관.

도와 학술 교류를 갖기 위해 동분서주하고 있다. 한국에서도 중국 학교를 소개하기 위한 세미나나 교육 박람회가 끊임없이 열리고 있다.

중국의 교육열은 단지 가정 내의 문제가 아니라 국가적 차원에서 활발하게 이루어진다. 사소한 예로써, 중국 내에서 교육 프로그램이 차지하는 비중은 매우 높아 중국 거리를 다니면 흔히 발견할 수 있는 게 교육 분야 서점이다. 교육 관련 서적이 아예 독자적으로 따로 분리되어 있는 전문 서점들이 많이 있다.

중국 부모들의 교육열도 중국 교육의 발빠른 성장에 한몫 한다. 하나 밖에 없는 자식에 대한 사랑은 교육에 대한 열의와 성의를 다하는 투자로 표현된다. 해외로 나가는 중국 유학생들이 급격히 증가하고,

각종 다양한 학교들이 속속들이 들어서고 있다. 또 국제 학교나 외국 대학과의 합작 학교의 증가 또한 무시할 수 없다. 학비는 점점 비싸지지만 이러한 학교를 찾는 학생들의 수는 줄어들기는커녕 점점 증가하고 있다.

    중국은 확실히 변화하고 있다. 단지 경제적 분야에서 뿐만 아니라 대국이라는 자존심 때문인지 모든 면에 과감히 투자하고 빠른 발전에 전력을 다하고 있다. 중국이라면 무조건 지저분하고 뒤떨어져 있고 청국 떼놈이라고까지 격하시키는 선입견은 빨리 씻어 버리는 게 옳다. 한 발 앞서가는 사람은 그만큼 빨리 볼 수 있다. 선입견이 없는 사람이라면 그만큼 많은 것을 볼 수 있다.

외국에도 부는 차이나 붐

'차이나 붐'은 한국에만 부는 것이 아니다. 2년 전 수업 시간에 미국에서 중국 전문가의 대표 주자로 손꼽히는 교수님이 우스개 소리를 한 적이 있다. 헐리우드 영화, 특히 액션 영화를 보면 시대의 흐름을 이해할 수 있다는 것이다. 요즘 액션 주인공이 문신을 한 것을 보면 용의 그림이나 한자 모양이 주류를 이룬다. 주인공의 패션 스타일을 봐도 중국 풍의 옷이 자주 등장한다. 영화 배경으로는 차이나 타운이 매우 인기다. 등장 인물들은 중국 인스턴트 음식을 손에 들고 어설픈 젓가락질을 한다. 가장 쉽게 증명할 수 있는 세계적인 '차이나 붐'이다. 강의를 들으면서 고개를 끄덕이며 모두 웃었던 기억이 난다. 실제로 중국에서 생활하면서 그 분이 말씀하신 실례가 계속 머릿속에서 떠나지 않았다.

중국 대학을 찾아가면 정말 세계 각국의 다양한 학생들이 한자리에 모여 중국어를 공부하고 있다. 중국어만을 공부하기 위해 단기간에 온 학생들도 많지만 대학의 전공 수업을 듣는 학생들도 점차 증가하고 있다. 다른 국가에서는 중국으로 유학 보내는 것을 권장하기 때문에 대부분의 유학생들이 장학금으로 공부를 할 수 있다. 서구 유럽이나 미국에서 온 학생들은 중국 문화, 역사 등 사회 과학을 전문적으로 연구하기 위해 온 이들도 많다. (운남과 같은 소수 민족이 많은 지역이나 티벳에는 소수 민족 문화를 연구하는 전문 분야가들을 많이 만날 수 있다.) 베이징과 같은 도시 지역에는 중국 경제와 정치에 관련된 분야를 배우는 이들이 많은가 하면, 제3국가에서 온 학생들은 다른 국가들에 비해서 학비가 싼 중국에서 국비로 컴퓨터 계통의 전산 분야를 전공하는 경우가 대부분이다. 외국 학생들의 특징은 비록 한자를 알고 글자를 쓰는 데는 한국인들보다 학습 능력과 속도가 많이 떨어지지만, 말하고 듣기에서는 같은 시기에 온 한국인들보다 의외로 빨리 배운다는 것이다. 그 이유는 다른 국가에서 온 학생들과 사귐이 많고 모르는 것에 대해 창피해 하지 않기 때문이다.

중국 인민대학에 있는 가나에서 온 한 흑인 친구는 아시아 학생들은 당연히 말 배우는 데 느릴 수 밖에 없다고 신랄하게 말한 적이 있다. 이유인즉슨 모르는 것에 대해 너무 창피해 한다는 것이다. 모르는 게 당연하고 모르면 물어보면 되지 아시아인들의 그 애교 어린 '쑥스러움' 이 외국어 배우기에는 큰 장애가 된다는 것이다. 중국에서 외국인들 중 중국어를 습득하는 능력 순위를 조사했는데 1위가 흑인이었다. 그들의 적극성은 그 누구도 못 따른다. 전공 과목에 들어가서도 중국인들과 같이 수업을 들으면서 잘 적응해 나가는 이들이 바로 흑인들이다. 중국에서 외국인들이 참가하는 TV 쇼 프로그램을 보더라도 흑인들의 장기는 혀를 내두를 정도로 기가 막히다. 의외의 결과에 놀라면서도 그들의 적극성을 생각하니 한편으로는 이해가 갔다.

이처럼 한국뿐만 아니라 다른 여러 국가에서도 중국어를 배우고 중국을 알고 이해해야 한다는 열풍이 일기는 마찬가지이다. 그들에게도 중국어를 할 수 있으면 그네들 나라에서 취직하기에도 유리하다. 그들이 활용할 수 있는 중국에 관련된 프로그램은 점점 더 다양해지고 있다. 워싱턴 대학에서 중국어 강의를 들을 때만해도 수강은 항상 일찍 서둘러야 한다. 약간 게으름 피우다가 한 쿼터(미국 대학은 1년에 여름 코스까지 합쳐서 4학기 제도가 있다. 그 중 한 학기) 중국어 강의를 놓쳐 낭패를 겪은 적이 있기 때문이다. 결국은 중국어 수업을 신청하는 학생들의 증가로 반을 세 반으로 늘리기도 했다. 미국 대학에서도 제2외국어로 중국어를 배우려고 하는 학생들의 수가 기하급수적으로 늘고 있다. 미국 대학에서 방학 기간에 중국 학교와 교류를 통해 학생들을 단기 유학 보내는 코스는 매우 인기 있다.

일본에서도 방학 기간을 이용해서 많은 학생들이 '여행+중국어 공부'를 겸비하는 코스로 중국으로 많이 오고 있다. 중국과 외국이 함께 설립한 합작 학교를 통해 나이 어린 많은 외국 학생들도 중국으로 와서 공부한다. 이 기회를 통해 중국인들과 같이 생활할 수 있는 기회를 적극적으로 활용하려 하고 있다. 중국 거리를 거닐 때 급증하는 외국인들이나 합작 학교를 보면 실로 세계의 중국화, 중국의 세계화라는 걸 피부로 절실히 느낀다.

결정은 화끈하게 행동은 과감하게

드디어 한국에도 차이나 타운이 형성되었다. 한국 인천에 자리를 잡은 차이나 타운의 역사는 그리 오래되지 않았지만 그 규모는 점차 빠르게 확장되고 있다. 중국 화교권이 뿌리내리기에 가장 어려운 나라로 악명 높았던 한국에서도 드디어 차이나 타운이 생겨나게 된 것이다. 그만큼 중국의 영향력은 한국에서도 점점 커져만 가고 있다. 이것이 한국에서만 일방적으로 일어나는 변화는 아니다. 중국에서도 한국의 영향력은 점점 커져 가고 있다. 한국인들이 집약적으로 모여 사는 곳들과 상점, 가게들이 빠른 속도로 늘어나고 있는 것은 중국도 마찬가지이다. 오죽했으면 중국에서 한국 방송 프로그램을 자제 방송하도록 통제까지 하고 있는가! 김희선, 안재욱 등의 한국 스타들의 광고 방송 수를 줄이려고 외국 스타들의 광고 출연을 엄격하게 규제하는 새로운 법까지 근래에 만들어졌다. 이미 중국과 한국이 서로 크게 영향력을 주고받는 관계에 들어섰다는 것을 여실히 보여 주는 실례이다.

현재의 이러한 변화는 중국으로 관심을 돌리는 한국인의 수가 급격히 증가하는 것에서도 알 수 있다. 중국에서 또 다른 생활 터전을 마련하고자 언어의 장벽에도 불구하고 개인 또는 가족 단위로 굳은 각오를 하고 짐을 싼다.

하지만 고생할 거 뻔히 알면서 생면부지의 지역으로 간다는 건 그만큼 그 곳에서 최대한의 효과를 내려는 욕심 때문이다. 많고 많은 나라들 중 '중국'이란 지역을 택하는 것도 그만한 이익을 얻어 낼 수 있다는 확신 때문이지 않은가? 그러므로 '중국'에서 얻을 수 있는 것이 무엇인지, 왜 그 곳까지 가야하는지를 조목조목 따져 보아야 한다. 여러 많은 나라들 중 특히 중국 유학이 가지고 있는 장점은 분명히 있다.

첫째, 중국어를 배운다는 것은 중국 지역에서 더 나아가 아시아 국가들과의 연계에도 또 다른 길을 열어 줄 수 있다. 동남 아시아 지역에서 화교권이 차지하는 비율이 높다는 건 누구나 알고 있다. 더군다나 아시아 지역 대부분의 부유 계층과 실권 계층은 중국 화교들이 차지하고 있기 때문에 중국어를 함으로서 얻을 수 있는 이점은 여러 가지가 될 수 있다. 야망이 큰 사람이라면 자기 전공 분야에서 아시아계를 장악하고(너무 거창하게 들릴지 몰라도), 중국인들 말대로 중국 사회에서 가장 중요한 '꾸안시(關係 : 관계)'를 형성하는 데 좋은 수단이 될 수 있다. 앞으로 아시아 국가들에 대한 밝은 전망이 점차 대두되고 있는 실정에서 분명히 다른 이들보다 좀더 재빠르게 세계화에 발 맞추어 나가는 데 올바른 단추를 끼울 수 있는 방법이다.

둘째, 중국은 같은 아시아계 사회이므로 다른 서구 지역에서 유학하는 것보다 문화적 정체성의 이질감을 덜 느낀다는 것이다. 세계화의 시대에 이런 인종적, 문화적 차이를 이야기한다는 것이 사소한 문제일 것 같지만 타국 생활을 하는 데에는 끊임없이 따라다니는 절대 무시하지 못할 부분이다. 자유롭고 평등한 나라로 보이는 곳일지라도 인종적인 차별, 아니면 차이는 느끼게 마련이다. 하지만 아시아인 중국에서의 생활은 그런 점에서 편하다. 같은 아시아 문화권이라는 데에 한국인들에게 친근감을 표시하는 중국인들도 많이 있고 비슷한 정서를 가지고 있다는 게 이래서 좋구나라는 느낌을 생활하면서 많이 받게 된다.

셋째, 중국 유학 생활에서 가장 강조하고 싶은 것이 응용력을 적극적으로 발휘할 수 있다는 점이다. 우리나라 뿐만 아니라 전 세계적 관심으로 중국 내부에서는 외국 학교와의 합작 교육이 성황리에 진행되고 있다. 각 학교에 '국제부' 반도 따로 있을 정도이고 또한 국제 학교도 각 지역마다 있기 때문에 중국에서의 공부와 다른 서구 국가의 공부 제도를 다양하게 겸비할 수 있다. 중국 학교의 이러한 합작 학교 붐과 외국어 인기를 한국 학생들도 적극적으로 활용할 수 있다.

넷째, 물론 무엇보다 중요한 건 학비와 생활비가 저렴하다는 것이다. 우리가 생각하는 것만큼 학비가 많이 싸지는 않지만(특히 외국 학생들에 대한 학비는 일반 중국 학생들의 몇 배이기 때문에) 생활비와 숙비 등은 확실히 한국이나 다른 국가보다 많이 싸다.

하지만 중국 생활에 있어서 그만큼 유의해야 할 점도 있다. 가장 먼저 하고 싶은 말은 중국에 너무 쉽게 흡수되는 것을 유의해야 한다는 것이다. 이게 무슨 뚱딴지 같은 말인가 하고 감이 안 잡히는 이들도 많으리라. 중국에서 생활하는 학생들을 보면 너무 극단적으로 중국을 비하하는 한국 학생들도 문제지만 극단적 중국 찬양주의에 빠진 학생들도 의외로 많다. 어느 나라 사람인지 싶을 정도이다. 무슨 민족주의를 운운하는 것은 절대 아니지만 극단적인 중국 옹호주의가 바로 극단적인 한국 비하주의로 이어지는 건 필연적인 결과처럼 보인다. 중국에 살면서 역시 중국은 대국, 한국은 소국이라는 생각에 빠져 있는 학생들을 몇몇 만나보아서 하는 말이다.

또한 같은 아시아계 문화라고 중국과 한국 간의 차이점을 너무 무시하지 말아야 하는 것도 짚고 넘어가야겠다. 너무나 쉽게 중국 생활에 젖어서인지 한국과 다른 점을 이해하고 받아들이는 데 인색하다. 그러다 보니 중국인들과 중국 문화에 대한 갈등과 거부감을 안고 살아가는 젊은이들이 의외로 많다.

중국과 한국은 가까운 이웃이지만 또한 먼 나라이기도 하다는 생각을 항상 해야 한다. 너무 가깝다 보니 타 국가, 문화에 지켜야 하는 포용력과 이해를 가지기 그만큼 힘들다. 우리와 다른 점에 대한 불평, 그에 따른 외면적 불만 표현, 중국 사회에 대한 몰이해에 따르는 행동들은 중국에서 한국인들의 발자취에 오점을 남기고 있다. 한 명 한 명이 민간 외교관이라는 점을 명심해야 할 것이다. 이런 말은 항상 많이 들어 오던 것이어서 유치하게 느껴질지도 모르겠다. 하지만 많이 거론되어지는 만큼 이런 생각들을 가장 기본 바탕에 두고 외국 생활을 해야 한다는 것도 잊지 말아야 할 것이다.

제 2 장
중국의 교육 시스템

내겐 너무 귀중한 자녀

1979년 이후, 중국의 '한 가정 한 자녀 갖기' 정책은 중국의 인구 증가가 급격히 줄어든 이점을 낳기도 했지만, '소황제(小皇帝)'나 '과다한 교육열'이라는 부작용을 일으키기도 했다. 중국 '한 가정 한 자녀'는 부모에서부터 시작해 조부모, 외조부모까지 여섯 명의 사랑을 독차지한다. 경제 개혁 이후 물질적 부를 맛보기 시작한 중국 가정은 그만큼 자녀에게 쏟는 물질적인 투자가 대단하다. 중국 한 가정당 자녀를 위한 투자 비용은 그들 생활비에 주요한 몫을 차지하고 있다.

한 카페에서 우연히 잡지책을 뒤적이다가 표 2-1을 보고 황급히 냅킨 위에 받아 적었던 적이 있다. 중국의 대표 도시들을 중점으로 조사한 이 표는 월 평균 수입당 중국 가정이 한 자녀를 위해 얼마를 투자하는지를 여실히 보여 준다. 중국은 음식값이 싼데도 자녀들을 위한 식비에 가장 큰 비중을 투자하고 있다. 중국에서 McDonald나 KFC를 가 보면 각 테이블마다 자녀를 데리고 외식을 나온 한 쌍의 부부와 자

표 2-1 한 가정당 자녀를 위한 평균 소비 경향
(不同人均月收入家庭的孩子消費支出結構對比 (%))   (단위 : 위엔(元))[1]

월소비액\지출 항목	500 이하	500~1,000	1,001~1,750	1,751~2,500	2,500 이상
음식	57.6%	59.0%	59.2%	57.4%	52.7%
의복	6.3%	6.4%	6.5%	6.5%	6.4%
교육	14.4%	18.9%	20.9%	22.9%	27.4%
오락	5.9%	7.5%	7.4%	6.9%	7.9%
병원	6.7%	5.4%	4.0%	3.8%	3.8%
용돈	9.1%	2.8%	2.1%	2.5%	1.8%

신민주간(新民周刊) Xinmin Weekly 2001 June 4 ~ Jun 10

일반 가정의 월소비 평균 : 895위엔 (약 15만원)

대표 다섯 도시 월소비 평균
광조우(廣州) : 1,101위엔 (약 18만원)
베이징(北京) : 1,009위엔 (약 17만원)
상하이(上海) : 972위엔 (약 16만원)
청두(成都) : 701위엔 (약 12만원)

녀의 모습은 서양 식당에서 흔히 볼 수 있는 가장 전형적인 광경이다. 그래서 그런지 어떤 다른 지역보다 수도인 베이징에서 비만아들을 발견하기 쉬웠나?

어느 날 나를 어떻게 알았는지 한국의 한 비즈니스맨으로부터 전화가 왔다. 로비 좀 해 달라는 것이었다. 얼렁뚱땅 무슨 말인가 해서 영문을 모르고 가만히 듣고 있었는데 중국 한 대도시에 있는 살빼기 병원과 합작을 하고 싶은데 비밀이 새어나가면 안 되니 조용히 그 쪽 병

---
[1] 중국 돈 인민폐 계산하는 방법. P146 환율표 참조.

원에 가서 로비 좀 해 달라는 것이었다. 한국에도 이런 살빼기 병원이나 센터가 많은데 과연 중국 스타일이 한국인들에게 효과가 있을까 하는 의구심이 들었지만 너무나 열의에 찬 그 분의 부탁에 거절은 할 수 없었다. 몇 번의 전화 통화 끝에 결국은 그 지역에 가서 책임자를 만나 보기로 했다. 그냥 여행차, 새로운 곳에 대한 호기심 반으로 병원을 찾아간 나는 그 규모에 입이 딱 벌어지지 않을 수 없었다. 생각했던 것보다 병원의 규모는 어마어마하게 컸다. 본관, 별관, 수용소, 체육관에는 갖가지 설비가 갖추어져 있었다. 세상에 같은 아시아 사람이 뚱뚱해봤자 얼마나 뚱뚱하겠느냐는 생각으로 조그마한 우리나라 비만 슬림 센타 정도겠지 하면서 갔는데 그게 아니었다. 그렇게 여러 곳에 뚝뚝 떨어져 있는 큰 병원 건물에서 책임자를 찾아 땀을 삐질삐질 흘리며 영차영차 가고 있는 도중에 (날씨는 왜 이리 더운지) 내 옆으로 커다란 버스가 앞질러 병원을 향해 달려갔다. 그 큰 버스를 뒤따라 좇는다는 자가용은 모두 모여서 줄을 지어 가는 것이었다. 버스가 병원 앞에 멈추자 모든 자가용도 일제히 자리를 찾아 주변에 주차를 시키고 있었다.

　버스에서 내리는 사람들을 보면서 그 때 놀란 심정을 잊을 수가 없다. 세상에 중국에 살면서 나는 저렇게 뚱뚱한 사람을 본 적이 없었다. 미국에서 오래 살면서 뚱뚱한 서양 사람들에 대해서 이야기도 많이 했지만 저들의 비만과는 비교가 되지 않았다. 어디서 운동을 하고 오는지 손에 테니스 라켓과 수건을 들고 내리는 사람들은 대부분이 십대에서 이십대 초반의 남녀 학생들이었다. 그 학생들이 내리자 각 자가용에서 그들의 부모들이 서둘러 따라 내렸다. 자녀들에게 달려가 수건과 테니스 라켓을 들어 주는 부모들하며 땀을 닦아 주는 부모들하며 넘쳐나는 자식 사랑이었다. 그 한국 비즈니스맨이 왜 중국에 있는 이 병원을 보고 사업을 성사시키기 위해서 고군분투하는지를 이해할 수 있었다. 중국 부모들이 자식을 황제 키우듯 하는 문제가 왜 그리 중국 매스 미디어에 자주 거론되는지 납득이 가기 시작했다. 저들은 경제적 여유가 된다면 먹고 싶은 것, 하고 싶은 것을 부모로부터 다 받고 사는 듯했다.

물론 이런 현상은 다른 부분에서도 마찬가지이다. 교육비에서만 봐도 방과 후 사교육으로 드는 돈이 만만치 않다. 서로 누가 더 많은 학원을 다니냐 경쟁하는 것으로 중국의 자녀들에게도 편안한 주말은 없다. 현재가 고생스럽더라도 많이 배워 둬야지 그만큼 사회에 뒤쳐지지 않는다고 생각하기 때문이다. 한때 내가 십대 시절을 보냈던 80년대 우리나라에서 피아노 학원이 필수였던 것처럼 지금 이들에게도 피아노 학원과 무용, 영어, 서예 학원은 기본적으로 자녀들이 거쳐야 할 단계이다. 주말에도 아이들은 집에서 쉬기보다 아침부터 바쁘게 여기저기 학원을 뛰어다니고 있다.

가장 인기가 좋은 학원은 당연히 영어를 가르치는 곳이다. 학원에 가거나 경제적으로 넉넉한 집안은 외국인들을 직접 집에 불러 일주일에 두세 번씩 영어를 배운다. 영어 학원이라고 한 영어 학원만 다니는 게 아니다. 회화, 문법, 작문 학원 등 세 가지 종류를 따로 다니는 아이들도 있다. 선생님도 각양각색이다. 특히 미국에서 공부했다면 가정

▲ 중국에서 큰 인기를 끌고 있는 아동 백화점. 모든 물품이 어른 것 못지않게 비싸다.

교사로서는 일등감이다. 같이 살자고 청하는 가정들도 많다. 일명 Home Stay를 하자는 것이다. 중국에서는 까만 눈, 까만 머리카락만 가지고 있지 않으면 모두 영어를 잘 한다고 생각하는지 아프리카나 유럽, 중동 지역에서 온 친구들의 인기는 하늘을 찌른다. 영어를 가르쳐 달라는 청을 어디에서든지 쉽게 받을 수 있다.

중국 학교에서 영어를 가르쳤을 때 방과 후 학생들이 떼거지로 달려와 "선생님 시간당 얼마예요? 저랑 개인 과외 하시죠?"라는 너무나 솔직하다 못해 당돌한 질문에 놀란 적이 한두 번이 아니다.

어떤 한 조그마한 여학생은 쉬는 시간에 내 옷을 질질 끌고 나를 어딘가로 데리고 가더니 나를 부여잡고 전화를 하는 것이었다. 자신의 부모에게 전화를 하더니 영어 선생님을 찾았는데 얼마 줄거냐는 것이었다. 정말 그 때 느낀 당혹감과 기막힘에 어찌 행동해야 할지 몰라 가만히 쳐다보고 있다가 나는 비싸다고 하면서 웃어넘겼던 적이 있었다. 하지만 그 후 쉬는 시간마다 이런 학생들은 끊임없이 나를 괴롭혔다. 자기 친구들 몰래 조용히 와서 하는 말이 따로 과외를 하자는 것이었다. 교장 선생님이나 친구들한테는 비밀로 하고 싶다고 신신당부하는 것도 잊지 않았다. 항상 덧붙이는 말이 돈 걱정은 하지 말라는 것이다. 자기 부모한테 이야기하면 된다고 자랑스럽게 이야기하기도 했다. 그들의 적극성에 놀랐고 십대 아이들에게까지 영향을 끼치는 이런 교육 풍토를 보니 약간은 안타까운 마음이 들었다. 재능이 많은 자녀를 키우려면 돈이 필수여야 한다는 중국 사회의 한 단면을 보는 것 같았다.

하지만 자녀에 대한 이러한 투자는 중국에서는 어느 정도 이해 타산 관계가 맞는 것 같다. 올해 중국의 교육열을 여실히 보여 주는 한 예가 티엔진(天津) 시에서 있었다. 자녀가 중점(重点) 대학, 소위 말하는 명문 대학에 입학하면 학부모뿐만 아니라 그 교사에게까지 주택을 한 채씩 주기로 티엔진 시 정부 기관에서 공표한 것이다. 청화대학과

▲ 청화대학.

　북경대학에 입학한 학생의 부모에게는 60㎡의 주택을 지급하고, 남개대학(南開大學-난카이 다쉬에)에 입학하는 학생의 가정에게는 20㎡의 주택을 지급하기로 결정했다.

　중점 중학교(명문 중학)에 입학하는 학생의 가정에게도 10㎡의 주택을 부모에게 지급하기로 했다. 운이 좋아 똑똑한 학생을 둔 선생님들은 국가급 우수 교원으로 89㎡의 대형 주택을 지급 받을 수 있다. 중국의 교육열은 가정뿐만 아니라 마을, 도시, 국가적 차원에서도 일어나고 있다는 것을 여실히 보여 주는 사건이었다. 자식 잘 둔 덕에 비행기 탄다는 이야기가 이제 중국에서도 통한다. 물론 부모가 그러한 기쁨을 얻기 위해 걸어야 할 길은 당연히 쉽지 않다. 부모된 도리를 최선을 다해 어떻게 해서든지 해야 하기 때문이다.

2000년 중국 교육국은 학생들의 부담을 덜어 주자는 취지에서 새로운 교육 정책을 실시했다. 초등 1, 2학년 학생들에게 방과 후 숙제를 내주지 말고 숙제를 체벌과 연결시키지 말 것, 한 과목당 교과서 외에 부교재를 사용하지 말 것, 휴일 및 방학 기간에 보충 수업을 하지 말 것, 초등학교에선 국어와 산수 이외의 시험을 폐지할 것, 성적 평가는 점수가 아닌 등급으로만 할 것 등, 중국의 지나친 교육열을 조금이나마 식히기 위한 방안을 끊임없이 모색하고 있다. 하지만 중국의 실제적 상황은 그렇지 않다. 특히 보충 수업 금지령이 떨어졌을지라도 대부분의 학교에서는 보충 수업반을 운영하고 있다. 보충 수업반은 학교에서의 수업 외에 학습을 도와 주는 일종의 과외 형식이다. 영어, 수학 등 주요 과목 중심으로 이루어지는데 교과서를 가지고 하는 보충 수업은 실질적으로 금지되어 있다. 학교에서 사용되는 교재가 아닌 다른 교재를 가지고만 운영되어야 한다. 보충 수업을 받는 학생들에게만 입학 시험에 유리한 조건을 줄 수 없다는 이유에서이다.

이렇게 이리저리 규칙은 까다롭지만 교과서를 가지고 공부하지 않는 학교가 또 전혀 없는 것은 아니다. 대학 진학에 중점을 두고 있는 중국 교육 입장에서는 어떤 학교나 어느 부모든지 교과서 중심의 보충 수업을 선호한다. 이 기간에는 선생님들, 특히 중점 학교의 선생님들은 월급보다 과외 수업으로 차도 사고 집도 살 정도라고 하니 과외 열기의 정도를 실감할 수 있다. 그래서일까? 예전까지만 해도 중국 젊은이들에게 직업으로서 교사가 인기나 사회적 지위면에서는 그리 높지 않았는데 올해 조사에 따르면 교사에 대한 인기와 이미지가 확실히 크게 바뀌었다.

보충 수업의 열기가 중국에서 사라질 수 없는 이유 중의 또 하나가 대부분이 맞벌이 가정이기 때문에 2개월 이상의 여름 방학 동안 자녀가 탈선할 기회를 주지 않기 위해서 더욱 과외를 시키기도 한다. 여기저기 학교나 학원에 자녀를 보내기 위해 동분서주하고 과외 선생님을 초빙하기 위해 심지어 스파이 작전까지 하는 중국 부모를 보면 '가련천하부모(可憐天下父母)'라는 말이 왜 생겼는지 이해가 될 정도다.

중국에 살면서 느끼는 또 다른 한 특징적인 면이 있다. 우리나라 사람들을 보고 '빨리 빨리' 국민이라는 비아냥을 하는 소리는 익히 많이 들었겠지만 중국도 교육면에서는 예외가 아니다. 한국 부모들은 자식이 똑똑하거나 자식 교육에 대한 욕심이 많은 부모들일지라도 학교는 되도록 빨리 보내지 않으려고 한다. 일찍 보내면 그만큼 학교에 적응하기도 힘들고 오히려 부작용을 일으킬 수도 있기 때문이다. 그래도 빨리 보내면 한 살 정도 일찍 보내는 게 고작이지만 중국의 경우는 빨리 보낼 수 있으면 무조건 빨리 보내자는 주의다. 내 주변에도 5세에 학교를 시작한 중국 친구들도 꽤 많았다. 그만큼 시간을 절약할 수 있다는 이유가 크기도 하지만 대부분 맞벌이 부부인 중국인들에게 어차피 하루 종일 유치원을 보내는 것과 학교를 빨리 보내는 것과 별반 차이가 없어 보이기 때문이다. 중국의 교육 체계를 보면 중국도 그리 만만디(慢慢地) 정신은 아닌 것 같다. 되도록 빨리 학교를 졸업해서 취직을 하고 안정된 생활하기를 추구한다. 몇 세에 뭘 했는지가 그래서 그만큼 중요하다. 그게 '총명함'의 상징이기도 하다. 현재는 의무제로 6년제인 초등학교지만 한때는 4년제 학교까지 있었다고 한다. 4년 동안 6년제의 교육 과정을 다 수료해야만 하니 조그마한 학생들이 얼마나 고생했겠는가!

내 친구 중 하나는 6년제 소학교에 다니다가 다른 지역으로 가족이 옮겨서 4년제 학교로 전학을 가게 되었다고 한다. 갑자기 너무 빠른 진도와 공부에 대한 압박 때문에 굉장히 고생하다가 다시 다른 6년제 소학교로 옮겨가니, 자기가 그 반에서 Top이 되어 한동안 의기양양했다고 한다. 이미 다 배운 부분을 다시 배웠기 때문에 누릴 수 있는 특권이었다. 그러면서 4년제 학교의 소학교 학생들이 받는 스트레스는 어마어마하다는 말을 덧붙였다. 그래도 자신은 중간에 탈출해서 다행이었지 안 그랬으면 성격까지 우울해져 버렸을 거라고 할 정도니 말이다. 그래서인지 중국 교육부는 모든 소학교의 의무 교육을 6년제로 통일했다. 중국 어린이들과 부모들이 교육 때문에 받는 스트레스와 부작용을 어떻게 해서든지 줄여 보자는 심산이다.

한국과 비교해, 중국 교육은 이처럼 다양하거나 구애 받지 않는 제도 때문인지 대학에서도 한 학년의 연령 차이는 다양하다. 중국은 우리나라처럼 '언니(누나), 오빠(형)' 서열 개념이 강하지 않기 때문에 한두 살 차이가 함께 어울리기에 그리 문제되지는 않는다.

중국의 인기 있는 학원들

중국에서 의자매를 맺은 경찰관 언니와 함께 상하이를 갔을 때이다. 언니의 주된 목적은 결혼 소개소를 통해서 열두 명의 상하이 남자들을 만나는 것이었고, 그 덕택에 나도 함께 상하이 대중 문화들을 누릴 수 있는 기회가 있었다. 문화적으로도 혜택을 많이 받고 중국의 대표적인 경제 도시여서 그런지 개인적 생활의 만족을 추구하는 이들이 많았다.

그 중 잊을 수 없는 한 남자가 있었다. 군인 생활을 오래 하다가 은행에서 일하는 정말 군인처럼 생긴 사람이었는데 의외로 취미 생활이 피아노 연주였다. 그 남자에게 홀딱 반한 언니 때문에 결국은 그 남자의 집에까지 초청되어 피아노 연주를 들어야 했다. 서툴지만 너무나 행복하게 연주를 하던 그 남자의 집에는 부엌 살림살이나 기본적인 가구는 하나도 없이 애지중지 피아노 하나만 달랑 있는 것이었다. 며칠 뒤 그 은행 아저씨의 피아노 학원 선생님까지 만나 같이 저녁을 해야 했다.

정말 우락부락하게 생긴 '전정더 동베이런(眞正的 東北人 : 진정한 동북인)'이라며 호기를 부리던 피아노 선생님은 예전보다 수입이 짭잘해서 기분이 좋다고 솔직하게 이야기했다. 사람들의 취미 생활에 대한 관심이 늘어나면서 예술 분야쪽 학원의 인기가 한창 좋다고 한다. 아직 미래에 대한 방향이 잡히지 않은 이십대 초반은 전문 기술 분야를 배울 수 있는 학원으로 발길을 향하고, 안정적인 직장 생활을 하고 있는 이십대 후반 이상의 경우는 요리, 음악, 무용 학원에 관심이 많다. 아래에 간략히 열거한 몇 가지 분야가 현재 중국에서 가장 폭발적인 인기를 한 몸에 받고 있는 학원들이다.

IT 분야

중국, 특히 대도시에서 길거리를 걸어가다가 전단지를 나눠주는 것을 받아 보면 대부분이 IT 학교에 대한 소개와 학교 이수 후 직업 보장을 소개한 광고다. 컴퓨터에 관련된 공부와 자격증 취득도 현재 중국에 부는 붐 중의 하나다. 중국 젊은이들도 이제는 그런 광고를 거의 믿지 않거나 매우 조심한다. 매일 신문에서 학교 사기에 당한 학생들 이야기가 비일 비재하고 IT 자격증을 따는 데 시간을 너무 허비하는 것보다 차라리 직업 경험을 차곡차곡 쌓아가는 것을 점점 선호하고 있다. 컴퓨터 프로그램이 너무 빨리 변하기 때문에 자격증으로만 시대 변화에 발맞출 수 없기 때문이다. 그래도 이러한 IT 분야의 붐은 현재 매일 화려하게 중국의 신문을 장식하고 있다.

무서운 영어 열풍

중국에서 영어 열풍은 정말 어마어마('어마' 감탄사를 한번 더 쓰고 싶을 정도)하다. 한국에도 이미 도착한 Crazy Learning English의 창조자인 리양(李陽)은 중국 정치가, 위인보다 더 위대한 인물이 되어 있다. 무슨 광기 어린 종교 신봉자 같아 보이기도 하다. 어느 서점에 가건 그의 사진은 중요한 위치에 한 면을 크게 차지하고 있다.

▲ 어느 서점이건 가장 눈에 띄는 장소에 있는 리양 사진.

중국 TV 프로그램만 봐도 서양인이 나오는 드라마를 좋아하고(중국 드라마의 특징 중 하나는 서양인이 한 둘은 꼭 나오는 것이다), 토론 프로그램에서도 외국인을 초청하는 것을 너무 좋아한다.

이러한 영어 열기 현상을 대표하는 것이 신동방(新東方) 학교다. 베이징(北京), 상하이(上海), 꾸앙동(廣東)에 있는 이 학교(한국의 학원을 의미)는 언제나 인산인해를 이룬다. 이 학교에서 영어를 배우려고 중국 전국 각지에서 젊은이들이 몰려온다. 위민홍(俞敏鴻)이라는 미국 유학생 출신도 아닌 가난한 한 중국 학생이었던 그는 검정고시로 고등학교를 졸업하고 북경대에 입학했고, 졸업 후 학생들에게 조그마한 사설 학교 규모로 가르치다가 명성을 얻게 되어서 유명해진 사람이다. 중국 젊은 학생들에게는 가장 존경하는 '위인' 과도 같은 존재이다. TOEFL, GRE, GMAT, IELTS, LSAT 등 유학을 위한 영어 시험 준비 학교로 유명해져서 지금은 회화, 대학 영어 고시, 심지어 IT 교육 등 다루지 않는 분야가 없다. 이 학원 선생님들도 학생들과 주요 학원 간부들에 의해 엄정히 평가되어 선정된 유학파 중국인들이 많다.

북경의 신동방 학원에 들러본 나는 하나의 커다란 왕국에 있는 것 같았다. 중국 학생들의 이 학교에 대한 신뢰는 정말 절대적이었다. 북경에 유학하고 있는 한국 학생들도 이 학교에서 영어를 많이 배운다고 한다. 학교 근처에는 아예 방학 때 수업을 듣기 위해서(방학 수업은 두세 달 전에 이미 예약이 마감된다) 짐을 싸들고 올라와 근처에서 숙박하는 학생들이 굉장히 많다. 주변 중국 친구들도 대부분 한번씩은 방학을 이용해서 이 학원에 다닌 경험을 가지고 있을 정도다.

이곳에서 영어 공부를 하는 학생들은 학교에서 배정해 준 집에 같이 살면서 서로 경쟁하며 공부하는 분위기를 만드는 숙박 훈련반에 있기도 한다. 15일에 한국 돈으로 약 40만원이다. 학비도 한 달에 약 30만원 하니까 굉장히 비싸다. 그래도 중국 학생들은 미래의 꿈을 안고 무수히 이 학원으로 몰려든다.

무도 학원

중국은 교육 방송의 TV 강좌에서까지 왈츠부터 블루스 등 여러 가지 춤을 가르친다. 중국인들의 춤에 대한 열정은 실로 감탄을 금하지 않을 수 없다. 특히 중·노년 분들이 전문적으로 매일 모여 우리나라 말로 하자면 지루박을 열심히 밟고 계신다. 길거리에 조그마한 공간이라도 있으면 춤판이 열린다. 야외에서 선생님을 모시고 전문적으로 춤을 배우는 노년 그룹을 학교나 공원 주변에서 쉽게 찾아볼 수 있다. 중국 거리의 가장 흔한 광경 중 하나다. 진지하게 춤을 추는 노부부의 모습을 보면 얼마나 재미있어 보이는지 모른다. 어른들의 영향 때문인지 어린 여자 아이에게도 현대 무용, 발레 학원이 선풍적인 인기다.

요리 학원

관광 붐을 맞아 호텔이나 일류 식당에 취직하려는 주방장 후보생들을 교육하는 요리 학원도 많다. 학원비 역시 다른 분야에 비해 많이 비싸지만 중국 요리 학원의 수강생은 점점 늘어만 간다고 한다. 일반적으로 중국에서 요리 분야는 오히려 남성들이 더 많은 관심을 두는 것 같다. 같이 요리를 하더라도 일일이 주도권을 잡는 이는 남편들이다. 서점에 가면 요리책 코너에 정말 많은 남자들이 진지하게 몇 시간이고 쪼그리고 앉아서 요리책을 보는 모습을 쉽게 발견할 수 있다. 신기하게도 여성들과는 한 번도 마주친 적이 없었다.

요리 학원 접수 요강도 지역별, 단계별로 다르다. 사천 요리와 상하이 요리 중 기본 40가지를 가르치는 초급 과정, 마카오 광동 요리를 더해서 70가지를 가르치는 중급 과정, 북경시에서 초일류급 주방장들의 비법을 전수받을 수 있는 고급 과정이 있다. 전문적으로 중국 요리를 배우려는 외국인 수강생도 점차 증가하고 있다.

흥미로운 풍경 하나

북경대 캠퍼스를 아침에 거닐면 흥미로운 장면을 목격할 수 있다. 이른 아침 5시 30분 정도에 캠퍼스를 거닐고 있었던 나는 호수 근처나 언덕에서 혼자 뭔가를 중얼거리는 학생들을 쉽게 발견할 수 있었다. 맨 처음에는 뭔지 몰라 호기심에 가까이 가서 들어보니 모두 영어 공부를 하고 있었다. 아침 일찍 일어나 그렇게 한 자리씩 차지하고 크게 영어를 읽고 있었다.

옆에 있는 학생에게 서로 질세라 우렁차게 아침 시간을 이용해 영어 공부를 하고 있으면, 중국 노인들도 그런 학생들을 흐뭇하게 바라보며 아침 산보를 한다.

▲ 오전 5시 30분에 북경대 호숫가에서 영어 공부를 하고 있는 여학생.

중국의 교육 체계

중국의 학제는 6, 3, 3, 4제로서 초등교육 과정 6년, 중등 과정 3년이라는 9년간의 의무 교육과 고등 교육 과정 3년, 대학 과정 4년이라는 기간에 따른다. 교육 행정은 중앙 정부 교육부의 관할하에 이루어진다. 중국의 대학 제도도 한국과 마찬가지로 2학기제로 되어 있지만 다른 점이 있다면 **9월에 매년 첫 학기가 시작**된다.

중등 교육은 보통 중학, 직업 중학, 농업 중학, 중등 전업(專業 : 주로 사범과 의약계) 학교, 중등 기공(技工 : 주로 직업 기술계) 학교로 구분된다. 그 중 전문 중등 학교는 3년 이상(약 4~5년) 과정이다. 또한 교육 단계상 초급 중등 교육과 고급 중등 교육이라는 두 단계로 구분하기도 한다.

중국 대학은 국가 교육부 직속 대학, 중앙 기타 부(部) 소속 대학, 성(省)·자치구·직할시 소속 대학, 지방 중심 도시 대학 및 사설 대학으로 분류된다. 국가 교육 위원회가 관할하는 종합 대학을 대학이라

하며 성(省) 또는 시(市)가 관할하는 단과 대학을 학원이라고 하는데 외국어 계통의 단과 대학은 보통 '학원(학원이라는 용어가 우리나라와 다른 개념이라는 데 유의해야 한다)'이라고 부른다. 독립적으로 설립된 전문대학은 종합 대학과 동등한 자격을 가진 교육 기관이다. 그 밖에 전문 학교(專科學校)와 전문 학원(專門學院), 야간 중·고등학교(業餘初·高級中學)와 야간·우편·통신·라디오·TV 방송 대학을 모두 포함하고 있는 실업 대학(業餘大學)도 있다. 중국의 학교는 복잡할 정도로 여러 종류의 여러 이름을 가진 학교가 많다. 고등 교육 과정도 직업 교육 과정(졸업 후 곧바로 직업 전선에 뛰어들기 위한 전문 기술 교육 과정)과 학력 교육 과정(대학 입학 목적의 보통 고등학교)의 두 가지 성격으로 구분된다.

유아원(幼兒園)

대부분의 중국 가정들은 맞벌이 부부이기 때문에 아이들은 보통 8시에서 5시까지 유아원에서 지낸다. 4세 이후에 유아원에 보내지기도 하며 더 어릴 때 보내지는 경우도 있다. 판진이라는 중국 동북부 지역의 중소 마을을 방문했을 때 (6세 이후에 중국으로 건너 왔기 때문에 중국인이라고 주장하는) 북한 여성의 집에서 우연히 하루 묵은 적이 있다. 전문 학교 음악, 무용 선생님이기도 한 그 여성분은 집에 유아원을 차려 놓고 있었다. 작은 침대가 가득하고 집에는 온통 유아들을 위한 도구들로 차 있었다. 대부분의 아이들은 아침과 점심을 다 유아원에서 먹기 때문에 부엌에도 엄청나게 큰 밥솥이 있었다. 유아원이라기보다는 탁아소를 연상케 했다. 영어를 가르쳐 주는 선생님, 피아노를 가르쳐 주는 선생님 등, 세 명의 젊은 선생님이 유아원에서 같이 지내고 있었다. 약 50명의 아이들을 관리하는 이 유아원은 한 달에 한 유아당 식비를 포함해서 180위엔(한국 돈으로 3만원. 도시가 아니어서 굉장히 싸긴 했다)을 받는다고 한다.

유아원에서 아이들은 중국어, 영어, 간단한 산수, 특별 활동, 인성 교육 등 우리나라 유아원과 별반 큰 차이가 없는 교육을 받는다.

중국 유아원을 지나가다 보면 오후 5시 정도에 대부분의 아버지들이 아이들을 데리고 가기 위해서 주변에서 서성거리고 있다. 대부분 중국의 회사들은 5시나 5시 30분에 일을 마치고, 한국처럼 더 남아서 일을 한다거나 회사 뒤풀이가 있거나 하는 경우가 거의 없기 때문에 아버지들도 집으로 일찍 퇴근한다. 일찍 퇴근한 아버지들은 저녁을 차리거나 학교나 유아원이 끝난 아이들을 데리러 가기도 한다. 한국에서는 발견하기 힘든 장면이다.

소학교(小學校)

일반적으로 7세[2]에 학교에 입학하지만 욕심이 많은 부모들은 자식들을 5~6세에 입학을 시키기도 한다. 그러니 중국 학생들의 한 학년당 연령은 한국처럼 딱 정해져 있지 않다.

학교는 지역구에 따라 어디로 갈지 선정된다. 중국 학교의 점심 시

---

2) 중국의 연령을 따지는 데는 실세(實歲)와 허세(虛歲)라고 하는 두 가지 방법이 있다. 실세는 만으로 따진 나이이고 허세는 실제 나이이다. 한국과 별반 다를 바 없고 중국 아가씨들도 만 나이로 말하기를 좋아하는 건 한국과 매양 마찬가지이다.

간은 약 1시간 30분에서 2시간으로 유난히 길다. 점심을 먹고 낮잠을 권장하기 때문이다.

중국 소학교 학생들은 중국어(語文), 산수, 영어, 컴퓨터, 체육, 음악, 미술, 도덕을 학교에서 배운다. 학교 교육보다 과외 교육에 시간을 더 많이 투자하는 이들도 많다. 그러니 당연히 소학교 학생들도 바쁘기는 마찬가지이다. 영어는 기본이고 주말에는 컴퓨터, 펜 글씨(書法), 음악 학원으로 직행해야 한다. 심지어 열 가지 종류 이상의 학원을 다니는 학생들도 있다.

초중학교(初中學敎)

한국의 중학교 3년 과정과 같고, 대부분의 학교가 고등학교와 같이 설립되어 있다. 소학교에서 초중학교에 입학하기 위해서는 졸업 시험이라고 하여 소학교 때 배운 과목을 간단히 시험 본다. 초중학교부터 대학 입시를 향한 훈련은 본격적으로 시작된다.

수업 시간은 45분이고 그 대신 하루에 들어야 할 수업이 굉장히 많다. 아침 7시 30분에 첫 수업을 시작해서 정기 수업은 4시에 끝나지만 자기 학습이라고 해서 저녁을 먹고 9시나 10시까지 학교에서 공부를 해야 한다. 학교 내의 클럽 활동은 학습 위주의 수업이기 때문에 그리 크게 활성화되어 있지 않다. 중국에서 중학교를 다니는 한국 학생의 학부모에게 들은 이야기이다.

매 학기 초와 말에는 학부모 모임이 있다. 우리나라처럼 시간이 있는 부모만 오는 게 아니라 부모들이 모두 필수적으로 참가해야 한다.

이색적인 풍경은 많은 수의 아버지도 참석한다는 것이다. 아버지의 자녀에 대한 교육열은 대단하다. 학기 초에 학교 학부모 모임이 열리면 우선 교장 선생님이 학비가 얼마고 왜 그런지에 대해서 30분 이상 이야기한다. 이후 각 반별 모임에서 담임 선생님은 주로 공부에 관련된 이야기만 한다. 매번 성적에 관한 이야기를 하고, 심지어 학기 말 어머니 회에서는 각 학생들의 책상 위에 복사한 성적표를 올려 놓고 부모는 자녀의 책상에 앉아서 심문 아닌 심문을 받게 된다. 학부모들은 다른 아이의 성적이 어떤지 모두 알게 되고, 선생님은 부모들을 일으켜 세워 이렇게 공부하면 안 된다, 성적이 이게 뭐냐, 당신의 자식은 학교에서 공부 방해되게 너무 떠든다는 지적까지 거의 인민 재판 아닌 인민 재판이 시행된다고 한다. 학생들에 대한 평가는 무조건 성적표에 기준 한다고 하니 한국 학생들이 일반 중국 학교에서 버티기는 보통 배짱이 아니고서는 힘들다.

고등학교(高中學校)

중국의 학교는 대표적으로 중점(中點) 학교, 일반 공립 학교, 사립 학교로 나뉜다. 중점 학교는 수재들이 모이는 학교인데 입학 시험을 치른 후 성적이 높은 학생들이 진학할 수 있는 학교다. 중점 학교는 우수 학생을 일차적으로 선발할 수 있는 우선권과 각종 재정적 혜택을 누릴 수 있다. 우수한 대학교 입학을 위해 중점적으로 공부한다는 의미의 학교다. 하지만 중국에서 간과하지 말아야 할 것이 중국은 찬조 입학이 엄연히 공개적으로 존재한다는 것이다. 이러한 중점 학교도 만일 총 12반이 있다면 8반이 정규적인 절차를 밟고 온 학생들인가 하면 약 4반 학생들은 입학금을 비싸게 주고 이 학교에 입학한 학생들이다. 가령 예를 들어 일반적으로 중국의 고등학교는 학비가 3년에 약 3,000위엔(약 50만원)이지만 이렇게 들어온 학생이나 외국인 학생의 경우는 1년에 세 배인 약 9,000위엔(약 150만원) 정도의 입학금을 내야 한다. 찬조 입학금 학생과 일반 학생이 따로 학교에서 나뉘는 것은 아니지만 성적 면에서 확연히 차이가 난다고 한다.

중국의 고등학교 내에서도 여러 종류의 반이 있는데 대표적으로 직업반과 학업반이 있다. 일반 고등학교에 진학했어도 졸업 후 취직을 원하는 학생들을 위해서 특별히 편성되는 직업반은 언어나 컴퓨터와 같은 전문적인 기술을 배우고 2년 이후에 직업 전선에 뛰어들 수 있다. 학업반은 대학 입시를 위한 반이고 3년 과정이다. 고등학교 3학년 과정은 그 때까지 배운 것을 대학 입시를 위해 복습하는 위주로 공부한다.

일반적으로 중국의 고등학교는 오전 7시 30분에 수업이 시작되고 점심 시간은 약 1시간 30분에서 2시간이다. 점심 시간 동안 집으로 다시 돌아가서 점심을 먹고 오는 학생들, 낮잠을 자는 학생들이 있기 때문에 한국보다 길다. 한 시간은 45분 과정이고 학업반에 있는 학생들은 약 4시에 정규 수업이 끝나고 오후 7시~10시까지 자율 학습을 한다. 한국에서도 대학 입시가 치열한 것처럼 중국 고등학생들도 정말 피 터지게 공부한다. 중국 학생들도 경제적으로 여유가 있는 학생들의 경우는 방과 후 영어나 수학 과외를 하는 이들도 많다.

고등학교에서는 주로 어문, 영어, 수학, 체육, 음악, 컴퓨터, 정치, 역사를 배운다. 중국 고등학교도 중학교처럼 완벽한 대학 입시를 위한 준비이기 때문에 다른 학교 활동이 활발하게 이루어지지 않는다. 한 학년이 끝나고 그 다음 학년으로 올라가는 것도 쉽지 않다. 학교마다 다르지만 대부분이 1학년에서 2학년으로 올라가기 위해서 생물, 지리 시험을, 2학년에서 3학년으로 올라가기 위해서는 역사, 물리, 화학 시험을, 3학년 1학기가 끝나고서는 어문, 수학, 영어 시험을 통과해야 한다. 심지어 남녀 친구를 사귀는 것도 금지되어 있다. 한족(漢族) 학교에서 영어를 가르칠 때 학생들한테 남자 친구, 여자 친구가 있느냐는 질문을 했다가(난 영어 공부 차원에서 물었는데…) 나중에 학교 교장 선생님한테 따로 불려가서 혼난 적이 있었다. 그런 질문을 하면 안 된다는 것이었다. 엄격하게 금지되어 있다는 것이 그 이유였다.

하지만 나중에 아이들과 친해진 후 안 사실이지만 거의 대부분의 학생들이 이성 친구가 있었다. 물론 모든 학생들이 다른 선생님들한테는 절대로 비밀로 하라고 하며 살며시 털어놓은 이야기들이었다.

중전학교(中專學校)

중학교를 졸업한 이후에 우리나라의 상업 고등학교와 같은 개념의 학교가 중전학교(中專學校)다. 3~4년제 학교가 일반적이며 주산, 재무, 컴퓨터 등 취업에 필요한 기술적인 지식을 집중적으로 배운다.

사범학교(師範學校)

소학교나 중학교를 졸업하고 나서 사범 고등 전문 학교에서 선생님이 되기 위한 과정을 4~5년 받는다. 사범학교를 졸업하면 초등학교 선생님이 될 수 있는 자격을 얻게 된다. 그렇다고 졸업한 모든 학생이 선생님이 되는 것은 아니다. 졸업 후 다른 취업 전선에 뛰어드는 이들도 있고 사범 대학이나 일반 대학의 입학을 꿈꾸는 학생들도 있다.

귀족 학교(貴族學校)

친하게 지내는 중국 경찰 언니 집에 놀러 갔을 때다. 언니 동생이 마침 와서 음식을 만들고 있었다. 학교 영어 선생님인 아가씨였는데 어떠한 종류의 학교냐고 물었더니, 그녀의 대답이 귀족 학교 선생님이란다. 굉장히 놀랐다. 중국에는 귀족 학교라는 것도 있고 엄연히 그렇게 불리어진다는 사실에 놀라면서 귀족 학교에 다니는 귀족 학생들은 어떨까 하는 궁금증이 생겼다.

사립 학교 중에서도 특별히 학비가 비싼 학교를 중국 사람들은 속칭 귀족 학교라고 부른다. 이러한 학교의 특징은 초등학교부터 고등학교까지 모든 과정이 개설되어 있어서, 학생들은 일반적으로 약 12년간을 같은 학교에서 지낸다. 유아원부터 개설되어 있는 학교들도 있다. 거의 모든 학생이 기숙사에서 지내며 주말마다 집으로 돌아간다.

얼마나 대단하기에 귀족 학교라고까지 불릴까? 이렇게 12년 동안을 귀족 학생들이라고 불리는 이들은 정말 그리 대단할까? 물론 그들이 일반 학생들과 다른 대접을 받기는 한다. 우선 학비가 일반 학교보다 몇 배 더 비싸고 그 대신 학교 내에서 모든 기타 활동들, 피아노, 무용, 영어 등을 배울 수 있다. 특히 예·체능 활동에 대한 지원과 장려가 적극적이다. 일반적으로 학부모들은 사업에 종사하는 사람들로서 도저히 자녀들을 돌볼 시간이 없는 이들이 자녀들을 이 학교로 보낸다. 학교에서 모든 것을 다 처리해 주기 때문에 주말에만 자녀들을 돌보면 되기 때문이다.

그렇다고 이 학교 학생들의 대학 진학률이 월등하게 높지는 않다고 한다. 오히려 모든 것을 너무 쉽게 가져서인지 사회 적응력이나 사교 활동이 더 떨어지는 것 같다고 하니…, 아직 아기가 없는 그 영어 선생님은 만일 자녀가 생기면 귀족 학교로는 보내고 싶지 않다고 했다. 하지만 이런 귀족 학교 학생들의 대부분은 졸업 후에 해외 학교로 유학 갈 꿈을 가지고 있다.

심지어 베이징의 어떤 최고급 귀족 학교는 청화대학, 북경대학을 목표로 12년 과정을 운영하는 학교가 있는데, 1년 학비가 10만 위엔으로 어마어마한 비용이다. 중국에서는 어떠한 종류의 학교에 다니느냐에 따라 빈부 격차가 얼마나 큰지 실로 실감할 수 있다. 그래서일까? 중국 잡지에 보면 성적이 되도 학비가 없어 좋은 학교에 가지 못하는 학생들의 사연이 항상 끊이지 않는다.

외국 학교

중국 친구한테 편지가 왔다. 미국 유학을 꿈꾸며 TOEFL과 GRE 공부를 준비하고 있는, 여동생처럼 아끼는 친구인데 고민이 있다는

▲ 남경에 있는 남경대(南京大)와 미국의 명문 존 홉킨스 대학(Johns Hopkins University)과의 합작 학교. 이곳 center에서 서로 교환 학생 제도를 통해 중국 학생은 미국 명문 대학교에서 미국학을, 미국 학생들은 중국에서 중국학을 공부할 수 있는 기회를 이용할 수 있다.

것이다. 상하이에 MBA학교가 생겼는데 3년 과정에 등록금이 약 15만 위엔(약 2,500만원)이라는 것이다. 유학을 가지 않고 중국의 외국 학교에 다닐까 고민 중이었다. 물론 비싸기는 하지만 외국에 가서 생활하면 그보다 당연히 더 드니까 유학에 대한 고민 끝에 차선책을 찾은 것 같았다.

현재 중국에는 외국 학교가 물밀 듯이 들어오고 있다. 특히 WTO(세계무역기구) 가입 이후 중국에서 외국 학교와 합작 학교를 설립하는 것이 쉽게 가능해져 그 수는 급증하고 있다. 이런 학교를 일반적으로 중서합작학교(中西合作學校)라고 부르는데 중국 학교 교육 체계 내에서 외국 교육 체계를 응용한 형태를 가지고 있다. 외국 선생님들을 초빙하여 외국 교육 방식 아래에 중국 학생들이 공부한다. 학생수도 18~25명 정도이고 수업은 영어로 이루어진다.

우연히 베이징의 한 숙소에서 만난 북경대에서 석사 학위를 공부하고 있는 한 아주머니(나이 50세에 공부에 대한 열정이 넘치는 성격 좋은 전형적인 중국 동북부 아주머니였다)는 이제 유학을 갈 필요가 없다고 호기있게 이야기하셨다. WTO 가입 이후 중국 교육에 대한 논문을 쓰고 계시던 아주머니의 주장은 외국 학교가 중국으로 들어오는데 외국에 가서 유학할 필요도 없거니와 중국에서 공부하면 공부하면서 직업 경험도 같이 계속 쌓을 수 있기 때문에 오히려 공부만 한 외국 유학파보다 더욱더 유리하다는 것이다. 일리가 있는 말처럼 들렸다. 물론 학비가 일반 중국 대학에 비해 많이 비싸긴 하지만 이런 외국 학교를 중국 젊은이들뿐만 아니라 주변 외국 유학생들도 활용할 수 있지 않을까?

중국 청소년들의 유흥 문화

중국 청소년들의 유흥 문화도 한국 청소년들과 비슷하다. PC방에서 하루 종일 있는 청소년들도 있고 게임방에서 열심히 오락하는 학생들도 있고…. PC방은 요즘 중국에서 뜨거운 감자다. 한 학생이 너무 오래 PC방에서 거주하다 죽은 사건이 화근이 되었다. TV에서는 학부모들이 나와 울분을 토하며 PC방에 대해 불만을 쏟아 붓고 여러 전문가들이 나와서 PC방의 위험에 대해 경고한다. 중국 정부측에서는 아예 PC방은 모두 없애 버리겠다는 위협적인 공포를 하기도 했지만 그게 어디 말처럼 쉬운가. 이러한 PC방도 한류(韓流) 영향이라고도 하는데, 중국 PC방도 한국처럼 과자나 라면도 먹을 수 있고, 24시간 개방한다. 그 곳에서 데이트도 하는 커플도 있다.

또한 '24시간 찻집(茶房)'이 증가하면서 이곳에 모이는 청소년이 주로 하는 활동은 의외로 카드놀이다. 중국에서 가장 흔히 볼 수 있는 장면들 중에 하나가 길거리 마작이나, 카드놀이다. 젊은 청소년들도 모였다 하면 카드를 펴놓고 몇 시간이고 논다. 맨 처음 찻집에 가서 의외의 장면에 고개를 갸우뚱했다. 어린 학생들 사이에도 일반화된 카드놀이(아니면 한국의 도박에 대한 도덕적인 관념 때문인지)에 거부감이 들어서였나 보다.

또 한 가지 중요한 청소년들의 유흥 문화 장소는 공원이다. 중국은 공원 천국이다. 어느 지역에 가던지 중산(中山) 공원이라고 불리는 곳이 있다. 중국 여행에서 중국의 중산 공원을 갔다 온 이야기를 하면 중국 촌닭 취급받기 쉽다. 중산 공원은 마치 중국 모든 지역에 필수적으로 있어야 한다는 느낌이 들 정도다. 중국의 공원 문화라는 전문적인 용어가 생길 정도로 모든 세대들이 이곳에 모인다. 중국 청소년들도 예외는 아니다. 우리에게는 공원이 노년 세대의 상징으로 통하지만 중국 청소년들에게는 여럿이 모였다 하면 야외로 놀러가는 장소이다. 데이트 장소로도 으뜸이다. 잡다한 종류의 놀이 기구도 있고 운동 기구도 있고 호수도 있다. 자신의 장기를 이곳에서 보여 주는 이들도 많다. 공원에 가면 중국의 다양한 사람들과 다양한 볼거리를 만날 수 있다. 그래서인지 공원은 중국 청소년들에게는 빼놓을 수 없는 장소다.

중국 대학

다번(大本 : 대학)

다쉬에(大學 : 종합 대학)

중국에서 '대학'은 한국의 일반 대학교로 4년제이고, 중점 대학과 일반 대학으로 나뉜다. 북경대학이나 청화대학, 복단대학(復旦大學-푸단 다쉬에)처럼 명문 대학을 중점 대학이라 부르고 나머지 대학은 일반 대학에 속한다. 사범 대학도 있는데 졸업하면 중·고등학교 선생님이 될 수 있는 자격이 주어진다.

쉬에유엔(學院 : 학원)

단과 대학(학교 설립시 개설 학과 수가 일곱 개 미만인 경우에 쉬에유엔이라고 불리었으나 이후 학교가 커지면서 이름을 그대로 쓰다 보니 현재는 그 기준에서 벗어난 학원들이 많다) 3~4년제 학교이고 체육, 미술, 경제, 무용 등 특별 기술을 중점적으로 배우는 대학교이다.

중앙민족학원(中央民族學院)은 55개의 소수 민족 인재를 양성하기 위해 설립된 종합 대학이다. 학원이라는 명칭과 학교의 특징과 걸맞지 않기 때문에 1994년 3월 정식적으로 중앙민족대학(中央民族大學)이라고 개명했다. 북경에 있는 유명한 북경어언문화대학(北京語言文化大學)도 아직까지 북경어언학원(北京語言學院)이라고 불리기도 한다. 학교의 원래 이름은 북경어언학원이었으나 이름 때문에 대학이라고 여기지 않은 외국 유학생들의 선입견을 없애기 위해 92년 북경어언문화대학이라고 공식적으로 이름을 바꾸었다. 하지만 아직까지도 북경어언학원이라고도 많이 부른다.

다쥬안(大專 : 전문대학)

한국의 전문대학교 개념. 전문적인 기술을 중점적으로 공부한다. 대부분의 학교가 약 3년 과정이다. 성(省)이 관여하는 성전(省專)과 시(市)가 관리하는 시전(市專) 학교로 구분된다.

중국은 굉장히 많은 종류의 학교가 있다. 외국어 학교, 기술 상업학교, 체육, 군사, 미술, 컴퓨터, 심지어 청도에는 청도맥주학교(청도 맥주는 중국 내에서 매우 인기 있는 유명한 술이다)까지 다양하다. 학교 과정도 전문적으로 재정이나 세무에 관련된 것만 배우는 학교가 있고 기간도 2~4년 다양하다.

군사 학교는 일반 대학보다 먼저 응시를 받는데 군인에 대한 막연한 동경심을 가지고 있는 이들이 많기 때문에 인기가 있다(물론 그 인기도 점점 줄어들고 있지만). 졸업 후 꼭 군인이 될 필요는 없고 군인 생활을 하다가도 직업 전선으로 뛰어들 수 있다. 국가를 위해서 일한 만큼 직업을 찾는 데도 유리한 혜택이 있다. 귀족학교 영어 선생님도 남편이 군인이었다가 지금은 일반 회사를 다닌다고 했다.

"한때 군인이 여자들에게는 일등 신랑감이었다니까요."

신생(新生)대학과 보증금 제도

새로운 대학 유형이 형성되고 있다. 외국 대학과 합작해서 중국 대학 내에 생긴 제도인데 2년은 중국에서 공부를 하고 2년은 외국 대학에서 공부해 졸업하는 것이다. 이 대학에 입학하려면 전제 조건이 몇 가지 있다. 대학 입학 시험은 일반 학생들과 똑같은 유형을 치르는데 우선 성적이 월등해야 입학할 수 있다. 학비도 다른 일반 대학에 비해서 많이 비싸다. 국내에서 공부하는 2년 동안은 1년의 학비가 약 3~5만 위엔이고 국외에서 공부하는 2년 동안 1년 학비는 약 8만 위엔이다. 돈 없는 학생들은 절대로 넘볼 수 없는 대학이다. 한 가지 특이한 점은 이 대학에 입학하기 전에 30만 위엔이라는 보증금을 내야 한다. 이유인즉슨 외국에서 졸업을 하고 꼭 다시 중국으로 돌아와야 한다는 전제 조건을 걸고 내는 보증금이다. 만일 중국으로 다시 돌아오지 않는 경우는 30만 위엔을 고스란히 포기해야 한다. 외국으로 유출되기 쉬운 인재를 막자는 취지하에 이렇게 한다는 것이다.

중국 대학 입학 시험

일반 중국 고등학생들의 대학 시험

중국 대학 시험은 7월 7~9일, 3일 동안 시행된다. 새 학기가 9월에 시작되기 때문에 한창 더운 여름에 시험을 본다. 일반적인 규범으로는 고등학교 졸업장을 가지고 있고 연령이 28세 이상을 초과하지 않은 이들이 시험을 치를 자격을 가질 수 있다.

1999년 이후 중국 대학도 한국 대학과 마찬가지로 선고후보명(先考后報名)이라고 하여 먼저 시험을 치르고 그 점수를 가지고 대학을 지원할 수 있다. 여러 대학(한 대학에서 두 과에 응시할 수 있다)을 지원할 수 있는 기회가 주어지며 일반 대학에 입학하지 못한 이들은 이후에 전문대학교에 다시 응시할 수 있다. 전문대학교는 9월에 학생들을 받는다.

3일 동안 시행되는 중국 대학 시험은 일반 중·고등학교 또는 대학교에서도 진행되며 오전 오후로 한 과목씩 치뤄진다. 점심 시간 동안

표 2-2 시험 과목 및 시간, 점수

과 목	시간(분)	점 수
어문	150	150
수학	120	150
외어	120	150
화학	120	150
물리	120	150
정치	120	150
역사	120	150
생물	120	150
지리	120	150
문과 종합(정치, 역사, 지리)	150	300
이과 종합(물리, 화학, 생물)	150	300
문리 종합	120	150

집에 돌아가서 점심을 먹고 다시 시험을 끝내기 위해 돌아갈 수 있다. 하루에 엄격하게 치러지는 한국의 대학 입시와는 굉장히 대조적이다.

중국의 대입 제도 중 특이한 것이 있다면 정규 대학 시험에 제대로 실력을 발휘하지 못해 합격하지 못한 이들은 춘계 고시(春季考試)라고 하여 다음해 4월 중에 다시 한번 응시할 수 있다. 그러나 춘계 고시를 적용하는 대학교는 극소수이다.

하지만 한창 무더운 7월 여름에 시험을 치르는 것에 대해 학생들과 학부모들의 불만이 끊임없자, 2004부터 6월에 대학 시험을 보기로 올해 공식적으로 발표했다. 더군다나 9월에 대학 학기가 시작되어야 하는데 일차 합격에 떨어진 학생들의 경우는 계속 그 다음 순위의 학교에 신청을 해야 하기 때문에 실질적으로는 10월이 되어서야 학기를 시작하는 학교들이 많은 것도 시험 날짜를 바꾼 이유 중의 하나이다. 다음해부터 실시하지 않는 이유도 그러면 다음해 시험을 준비했던 예비 고 3학생들에게 한 달간 공부의 손해를 주기 때문에 올해 발표하고 서서히 바꾸는 식으로 실행한다는 것이 이유였다. 의외로 굉장히 세심한 중국 교육부의 배려다. 매년 교육법이 마구 바뀌는 우리나라에서 정말 배워야 할 부분이지 않을까.

한국은 수능 제도, 중국은 3+X 제도

1999년 교육 개혁 이후, 중국은 3+X 시험 체계를 대학 입시 제도에 도입시켰다. 3은 대학 시험을 위한 필수 과목으로 '어문 : 우리나라로 국어', '수학', '외어 : 우리나라로 영어'이고 X의 의미는 선택 과목이다. 물리, 화학, 생물, 정치, 역사, 지리, 종합 과목(문과 종합 과목 : 정치, 역사, 지리/ 이과 종합 과목 : 물리, 화학, 생물) 중 한두 개를 선택해서 시험을 볼 수 있는 제도다. 현재는 대부분의 문과생의 경우 문과 종합 과목, 이과생은 이과 종합 과목을 선택한다. 실질적으로 X가 차지하는 과목 수는 많다.

주로 7월 7일 오전에 어문, 오후에 선택 과목 중 하나를 보고, 8일에는 수학, 다른 선택 과목 하나, 9일에는 오전에 영어 시험을 치른다. 하루에 시험 보는 시간이 짧고 과목이 적기 때문에 수험생들을 덜 지치기야 하겠지만 한편으로는 이 지옥 같은 시험을 3일이나 옆에 달고 있어야 하는 단점도 있다.

중국의 재수생?

중국에도 재수생이 있을까? 물론 있다. 하지만 한국처럼 그렇게 어마어마한 수가 있는 것은 아니다. 어떻게 해서든지 1년 안에 끝내자는 주의다. 한국처럼 전문 학원이 있어서 3수, 4수생이 있지는 않다. 대부분이 1년 내에 대학 진학을 결정 내리려고 하고 만일 그렇지 않은 학생의 경우는 혼자 스스로 공부를 하거나 다시 고등학교로 돌아가는 경우도 있다. 일반 고등학교에서 고 3반으로 다시 들어가 공부를 하거나 만일 다시 재수를 하는 학생이 많은 경우는 학교에서 개일개반(開一個班 : 고 4반)을 만들어서 재수를 한다. 이들은 복과생(復課生 : 다시 수업을 듣는 학생)이라고 불린다.

하지만 중국의 재수생 수도 점차 증가하리라 예견된다. 첫번째 이유는 고등학생 수가 급증하고 있다는 것이다. 교육열이 증가하는 만큼 대부분 학생들의 학력 수준은 점차 높아지고 그만큼 대학 입학 시험을 준비하는 숫자도 증가한다는 것이다. 더군다나 대학의 질을 추구하는 수도 점차 증가하고 있다. 예를 들어 2001년 남방의 어떤 지역에서는 대학에 합격한 고등학생 6만 명 중 1만 명이 진학을 포기하고 재수를 선택했다고 한다. 베이징에서도 대학 입학 고시에서 600점 이상을 따고도 재수를 선택한 학생들이 많았다. 내년에 다시 좋은 대학에 입학하리라는 목표로 재수를 택한 것이다. 아무래도 앞으로 중국의 이런 재수생의 숫자는 점점 증가하지 않을까 싶다. 중국에도 서울 노량진 골목의 풍경을 볼 날이 멀지 않은 것 같다.

중국 대학 이해하기

중국의 일반 대학은 1년을 2학기로 나눈다. 3학기로 나누는 일부 대학교도 있다. 1학기는 9월, 2학기는 2월 중순에 개강한다. 한 학기는 약 20주 정도이며, 매주 5일간 수업한다. 겨울 방학, 여름 방학을 제외하고, 1월 1일 원단(元旦 : 신정), 5월 1일 국제 노동절, 10월 1일 국경절(國慶節 : 중국 공산당 1949년 인민 공화국 설립일)에는 약 일주일 이상 휴강한다.

군사 훈련

중국 대학교는 학생들에게 의무적으로 군사 교육을 시킨다. 현재는 약 20일 동안 시행되고 있으며 군사 교육 기간에는 수업은 듣지 않는다. 또는 방학 기간에 군사 교육을 받기도 한다. 주로 2학년 여름 방학 때 그룹 별로 이루어진다. 남학생이건 여학생이건 구별 없이 철저히 군복을 입고 훈련을 받는다. 정신 교육 이외에 사격, 무술, 전술 및 기호 전투 훈련이 있다. 훈련 기간에는 캠퍼스 내에서 기합 소리가 하루 종일 끊이지 않고 여기저기서 들린다. 중국 친구들 말에 의하면 여학생들이 군사 훈련에서 남학생들보다 훨씬 점수가 좋다고 한다. 중국 여성들의 강인한 면을 증명할 수 있는 한 단면이다.

군사 훈련은 필수 학점이기 때문에 외국 유학생을 제외하고는 누구나 참가해야 한다. 체력 단련과 정신 수양을 위해서 시행되는 군사 훈련 동안 학생들은 모두 운동장에 모여 훈련을 받아야 하고, 한국 유학생들도 우스갯 소리로 차라리 군사 훈련을 받아 학점을 받고 싶다고 하기도 한다. 하지만 받아 보지 않은 사람들은 모른다. 그 뙤약볕 아래에 더운 군복 입고 거의 한 달간을 매일 이리저리 뛰어다녀야 하는 게 얼마나 힘든지 말이다.

중국 대학에서는 이런 군사 훈련이나 단체 노동 활동이 학점으로 이수되는 경우가 많다. 한동안 중국 친구들이 안 보이면 며칠 땅파기 노동을 해서 검게 그을린 채 나타나기도 한다. 물론 시간이 아깝고 힘들다고 투덜거리는 학생들이 많기는 하지만 의무 과정이기에 피할 수는 없다.

동아리 활동

중국 대학도 동아리 활동이 있다. 중국은 동아리 활동을 '~학회(學會)'라고 부른다. 음악반, 합창반, 댄스반, 연극반, 경극반, 외국어반, 체육 관련반 등 다양한데 요즘 한창 인기 있는 동아리 활동이 아나운서 반이다. 많은 젊은이들이 방송국에서 아나운서가 되는 꿈을 가지고 활동한다. 그만큼 인기도 많기 때문에 엄격한 시험하에 외모와 끼가 출중한 학생들이 지원한다. 방송반에서 리포터를 준비하는 한 여학생은 100위엔짜리(일반적 비누는 10위엔 이하인데 100위엔짜리 비누를 쓴다고 말하는 그 애를 보고 내가 눈을 동그랗게 뜰 수밖에…) 비누를 쓸 만큼 피부와 외모에 전심전력을 다한다.

중국은 남들 앞에서 뭔가 보여 줘야 한다는 것을 굉장히 중요시 여긴다. TV에서 장기 오락 프로그램도 참 많다. 그래서인지 이런 동아리 활동에서도 모든 학생들이 굉장히 적극적이다. 거리에 나와서 행사를 할 때도 활발하게 참가하는 젊은이들이 굉장히 많다. 그래서일까? 중국 친구들과 같이 술을 마시면 모든 이들에게 건배를 요청하는 시간이 있고 그 때 이렇게 모여서 기쁘다거나, 지금 이 자리가 어떤 의미를 가지고 있다는 등 이러한 의미 부여식의 건배치레를 해야만 한다. 맨 처음에는 굉장히 쑥스럽고 어떻게 해서든지 피해야겠다는 생각만 했는데 어느새인가 먼저 나서서 술잔을 들고 '워야오슈오(我要說, 내가 말할 게)!' 하며 심지어 노래까지 하고 있는 나를 발견할 줄이야!

공산당원 되기

중국에는 여전히 공산당원이 존재하고 있다. 그렇다고 공산당원복을 입고 거리를 활보하거나 사상적으로 뚜렷이 분류되는 의미의 공산당원이 아니다. 그저 곁에서 흔히 보는 평범한 사회 생활을 하거나 일반 학생들 중에서도 공산당원들이 있다. 공무원들은 물론 다 공산당원이다. 국영 기업에 다니는 이들도 공산당원이 많다. '웨이러런 (爲了 人民 : 인민을 위해)' 이라는 현재 중국 어느 곳에서건 쉽게 볼 수 있는 문구처럼 국가와 국민들을 위한 봉사적 의미가 더욱더 강조되는 역할로 공산당원 자격 조건을 논한다.

일반적으로 중국 사회에서 공산당원이 되고자 하는 사람들은 대학교 때부터 엄격한 시험하에 공산당원이 될 수 있다. 몇 년 전까지만 해도 많은 학생들이 공산당원이 되는 게 꿈이었고, 공산당원이 되는 것만으로도 굉장한 영광으로 여겼다. 그렇지만 현재는 예전처럼 그렇게 열풍적이지는 않다. 공산당원이 되면 졸업 후 취업과 승진에 많은 이득이 있다. 한국에서 ROTC가 되면 졸업 후 이점이 있는 것과 비슷하다고 할 수 있다.

현재 중국 대학생들의 3분의 1이 공산당에 가입을 신청하고 있다. 통계에 따르자면 7만 7000명의 대학원생들과 21만 명의 대학생들이 공산당원인 것으로 조사됐다. 공산당원이 되기란 쉽지 않다. 타인을 도와 주고 적극적인 성향을 가지고 있어야 하며 주변인들의 추천이 있어야 한다. 성적도 좋아야 하고, 사상 시험도 치러야 하고, 당원이 되기 위한 특별 수업도 이수해야 한다. 정식 공산당원이 되기 전에 임시 공산당 자격에 들고 나서 1년 후 당 간부들과 교수들의 허가하에 정식 공산당원이 될 수 있다.

재미있는 일은 친구 중에 공산당원이 한 명 있었는데 나중에서야 그 사실을 나한테 조용히 이야기하는 것이었다. 외국인들은 공산당원에 대해 무서워한다며 "다른 네 친구들한테 이야기하지 마라"고 신신

당부를 했다.

장점이 있으면 단점도 있다. 공산당비라 하여 취직을 하면 월급의 10분의 1을 국가에 환원해야 한다. 이 규칙을 지키지 않으면 자동으로 공산당원 자격에서 박탈된다. 대학 공산당원들도 달마다 국가에 돈을 지급해야 하는데 그 액수는 1위엔이 안 될 정도로 굉장히 미미하다.

기숙사는 필수

중국 대학에서 기숙사는 필수다. 대부분의 학생들이 조금만 집이 멀어도 기숙사에서 생활을 한다. 집에서 학교를 다니는 이들은 거의 없다. 일반적으로 대학 입학 후 기숙사에 사는 것이 학교 내의 규칙이지만 실제로는 밖에서 사는 학생 수도 만만치 않다. 그리고 그 수도 점점 증가하고 있다.

중국 대학의 기숙사는 참 복잡다단하다. 침대는 2층이 기본이고 한 방에 여섯 명에서 열 명이 같이 산다. 그래서 그런지 1년에 약 500~1,000위엔(8~12만원) 정도로 가격은 아주 싸다. 여덟 명이나 열 명이 사는 기숙사의 경우는 약 500위엔 정도하고 여섯 명이 사는 새 건물은 약 1,000위엔 정도 한다. 샤워실이 구비되지 않은 기숙사가 거의 대부분이다. 샤워는 공동 목욕탕에서 한다. (청화대학교에 방문했을 때 중국 친구랑 같이 청화대학교 목욕탕에 몰래 들어가 샤워를 한 적이 있다. 가격은 1위엔이고 샤워 시설이 갖추어져 있다. 한국의 일반 목욕탕처럼 탕이 있거나 그렇지는 않다.) 대학교 기숙사에 있었을 때는 가끔 중국 친구들이 들어와 샤워실에서 같이 목욕을 하고 가기도 했다.

중국어를 가르치러 왔다고 하면서 학생증을 맡기면 쉽게 기숙사에 들어올 수 있기 때문이다.

기숙사는 오후 10시나 11시 이후에 소등하는데(금요일이나 토요일은 오후 11시 30분, 국가 공휴일의 경우는 자정까지 연장하기도 한다. 학사는 오후 10~11시, 석사 기숙사는 오후 12시, 박사 기숙사는 계속 꺼지지 않는다), 현재는 이런 규칙이 학생들의 불만인 학교들도 많이 있다.

"정말 그렇게 모두 일찍 자니?"라는 의아스러운 질문에, "당연히 아니지. 손전등 있잖아. 손전등 켜고 카드놀이도 하고 수다도 떨지. 그것 때문에 일찍 자길 원하는 룸메이트 애들하고 많이 싸우기도 하고…" 씩 웃으며 중국 친구가 대답했다.

기숙사는 1기숙사, 2기숙사로 불린다. 남자 기숙사에는 여자가, 여자 기숙사에는 남자가 절대 들어갈 수 없는 엄격한 규칙이 있다. 이렇게 많은 학생들이 한 방에서 살다 보니 미운 정, 고운 정이 많이 드는 것 같다. 같이 사는 학생들끼리 여러 패로 나누어지는 경우가 많은데 (특히 여자 기숙사에서) 지역별(대도시 지역과 시골 지역)로 나누어지기도 하고 과별로 나누어지기도 한다. 심지어 마음이 안 맞으면 학교 생활 내내 한마디도 하지 않는 룸메이트들도 있다고 한다.

중국 대학생들의 동거

중국의 개혁 바람 때문인지 가만히 중국을 바라보고 있노라면 정말 겁이 날 정도로 빠르게 변화하고 있다. 건물도, 사람들 생각도 눈 깜짝

할 사이에 뚝딱 바뀌곤 한다. 현재 중국에서 빼놓을 수 없는 이러한 변화 중 하나가 젊은이들의 급격한 신식 사고관이다. 중국 대학 캠퍼스를 거닐면서 너무나 많은 캠퍼스 커플에 화들짝 놀랐고, 한국에서는 전혀 볼 수 없는 너무나 솔직 담백한 그들의 애정 표현에 다시 한 번 눈이 휘둥그래졌다.

중국 대학에 있으면 정말 각 지역에서 온 학생들이 같이 공부한다. 저쪽 서남 지역에서부터 동북 외지 지역에서 온 이들도 있고 그 지역 토박이도 있다. 적극적인 중국 젊은이들의 성격은 연애 관계에도 표출되지 않을 수 없나 보다. 이성 친구끼리 같이 동거하는 이들도 꽤 많이 있다. 이러한 특징은 저학년일수록 그 비율이 더 높다. 약간을 가지고 괜히 크게 부풀려 말한다고 하는 이도 있겠지만 중국 젊은이들도 그러한 그네들의 변화에 못내 놀라워할 정도다. 중국에서는 학사 과정 중에 결혼하는 것이 금지되어 있다. 공부에 방해가 된다는 것이다. 그리고 다른 학생들에게도 좋지 못한 영향을 끼친다는 것이 그 이유이다. 석사 과정이어도 결혼한다는 것에 대해 다른 사람들에게 그리 고운 눈길을 받지 못한다.

그렇게 대학 내에서 연애해서 결혼까지 가는 이들도 물론 있고, 만일 둘 사이의 고향이 멀거나 졸업 후 다른 지역으로 직장이 배치되면 미련 없이 Bye 하고 각자의 길을 걸어간다.

중국에서 인기 있는 학과

중국인들도 실리적으로 변하고 있다. 특히 인구가 많은 중국의 경우는 졸업 후 직업 전쟁에서 살아남으려면 그만큼 회사에서 수요가 높은 과에서 공부를 해야 한다. 중국 대학도 사회 변화의 흐름을 따르고 있다. 예전에는 법률과가 인기였지만 현재는 비즈니스에 관련된 학과와 컴퓨터에 관련된 학과를 젊은 학생들이 선호한다. 아니면 아예 영어, 컴퓨터, IT 전문 학교로 돌려 전문 기술을 집중적으로 배우기도 한다.

미국에서 엔지니어링과 같은 공과, 이과에 있는 아시아 학생들을 보면 먼저 중국인이라고 여겨도 된다고 우스개 소리를 할 정도로 이 공과와 비즈니계 계열은 중국인들의 사랑을 독차지하고 있다. 그네들에게 내 전공을 이야기하면 백발백중 고개를 갸우뚱하며 '졸업하고 뭘 할 거지?' 라고 질문한다.

올해 2002년 여름 북경에서 여성들이 가장 선호하는 직업 인기 순위를 조사했다. 몇 년전까지만 해도 모델이나 호텔 경리와 같은 외관상 화려한 직업들이 절대적인 비중을 보였는데 올해 조사의 순위는 의외였다. 순서대로 나열하면 의사, 회계사, 교수, 공무원, 중학교 교사, 변호사, 유아원 교사, 초등학교 교사, 경리(비즈니스 매니저), 기자였다.

위에 나열된 모든 직업들이 고등 교육을 필요로 하는 만큼 중국인들의 교육열은 기하급수적으로 높아질 수밖에 없다. 아무리 중국 교육부 입장에서는 교육열을 식히려고 해도 사회 변화와 중국인들의 인식 변화가 교육부 정책을 능가하지 않을까?

대학원 열풍

중국도 대학원 열풍의 시대로 이미 돌입했다. 이전까지만 해도 본과를 졸업하면 취직 자리를 구하기 바빴지만, 이제는 약 80% 이상의 대학생들이 대학 졸업 후 대학원을 진학할 준비를 한다. 이유인즉슨 적지 않은 중국의 회사들이 석사나 박사 학위를 가진 사원의 채용을 원하고 있고 보수 역시 많은 차이를 보이고 있기 때문이다.

특히 금융, 외국어, 재무회계, 컴퓨터 등의 전공 대학원의 석사 과정의 입학률이 점차 증가하고 있다. 자학(自學, P80)과 야간 수업이 발달한 중국 대학이어서 회사를 다니면서 대학원을 공부하는 이들도 상당히 많다.

중국에서 대학원에 입학하기 위해서 대부분의 학생들은 3학년 때부터 준비한다. 시험 과목은 외국어와 전공 기초 과목으로, 정치 과목은 중공당사, 정치경제학, 철학과 국내외 중대 시사 문제와 마르크스·레닌주의, 모택동 사상의 기본 원리에 대한 이해 정도 및 이에 대한 입장, 관점, 방법 등을 응용한 문제의 분석과 해석 능력을 강조하는 참 어렵게 보이는 시험을 통과해야 한다.

각 과목 성적은 60점 이상이어야 하며 그 이하 점수가 있을 경우는 다른 과목의 점수가 아무리 높을지라도 불합격을 시키는 엄격한 규정을 가지고 있다. 시험 일시는 대체적으로 7월 16일부터 20일까지 지원해서 9월 12일부터 14일까지 날짜를 통일하여 시험을 실시한다

▲ 강의를 듣고 있는 중국 대학생들.

세 부류의 대학생들

한번은 중국 대학생들의 수업을 직접 참여하고 싶어서 중국 친구를 따라 수업을 청강한 적이 있었다. 강의실 내에 책상보와 방석을 든 학생들이 빼곡이 들어섰다. (중국 대학 학생들의 가방을 살펴보면 모두 책상에 덮을 책상보와 방석을 가지고 있으며, 각자 앉는 자리에 깔고 공부를 한다.) 한국 일반 대학 강의실과 여느 다를 바가 없는 정경이었다. 중국 대학생들은 반별(한 학과에 학생 수가 많기 때문에 대다수의 과가 몇 반으로 나누어진다)로 거의 매학기 학과에서 정해 준 과목을 듣기 때문에 보는 얼굴만 4년 내내 본다.

하나 둘씩 자리가 차고 교수가 들어오니 술렁이던 분위기가 약간

조용해졌다. 수업 도중 너무나 안타까웠던 것은 물론 강의를 가르치는 교수가 그리 엄격하지 않기는 했지만 너무하다 싶을 정도로 거의 모든 학생들이 수업을 안 듣거나 다른 공부를 하고 있는 것이었다. 보다 못한 나는 중국 친구한테 해도 너무하다고 불평을 했다. 앞에서 열심히 강의하는 교수가 너무 안돼 보였을 정도니…. 대학교 3학년이었던 친구가 웃으면서 이야기했다.

"지금 이 수업을 듣는 학생들을 대략 세 부분으로 나눌 수가 있지. 첫째로 대학원 시험을 준비하기 때문에 따로 대학원 시험 공부를 하는 학생들, 둘째로 공부를 좋아하지 않기 때문에 졸업을 위해 그냥 자리만 차지하고 있는 학생. 졸업 후 직업 전선에 뛰어들 각오를 하는 애들이 대부분이지. 셋째로 유학 준비 때문에 나처럼 TOEFL이나, 미국 대학원에 입학하기 위해 GRE, GMAT을 준비하는 학생들…."

우선 발등에 떨어진 불부터 꺼야 하기 때문인지 경제학 수업을 듣고 있던 교실 대부분의 학생들은 영어 책을 들고 열심히 영어 단어를 외우고 있었다.

중국 대학은 어떻게 졸업하나

중국 대학의 일반적인 학점제와 과목들에 대해서 간략히 소개하겠다. 중국에도 한국의 일반 대학처럼 필수 과목과 선택 과목이 있다. 일반적으로 대부분의 과는 150학점 이상을 취득해야 졸업할 수 있다. 과목은 교정필수과(校定必須科)라고 하여 학교에서 규정한 필수 과목과 계정필수과(系定必須科)라고 하여 각 학과마다 규정하는 필수 과목과 한선과(限選科, 과에서 개최하는 것으로 선택 과목), 임선과(任選科, 학교에서 개최하는 선택 과목)라고 하여 선택 과목이 있다. 학교에서 정하는 필수 과목의 경우는 외국어, 마르크스 주의, 모택동 사상, 등소평 이론, 체육, 군사 이론 과정을 들어야만 한다. 과에서 지정해 주는 과목은 본격적으로 과에 관련된 과목을 듣는다. 선택 과목도 대부분이 과에 관련된 과목을 듣는 경향이 강하다.

학점은 한국이나 미국처럼 4.0이나 4.5제가 아닌 백분율로 이루어진다. 중국 대학생들은 일반적으로 한 학기에 8~10과목을 신청해야 졸업을 제때에 할 수 있기 때문에 8시부터 시작되는 수업을 매일 빼곡이 듣는다. 중간 고사나 기말 고사 경우에는 2~3주 동안 행해지기 때문에 고생을 많이 한다. 각 과마다 다른데 일반적으로 최대 다섯 과목에서 낙제(60점 이하)하면 졸업시키지 않는다. 논문은 한자 1만 자 이상의 글을 써서 내야 한다.

졸업을 위해서 모든 과가 논문을 써야 한다. 중국에서는 학점이 얼마나 좋으냐는 취직을 하거나 졸업을 하는 데 그리 중요하지 않다. 한국의 학점 중시 사회와는 굉장히 대조적이다. 한 가지 한국과 또 다른 점은 영어 고시 시험이 필수라는 것이다. 중국 대학생들에게는 이 시험이 큰 골칫거리이다. 4학년 졸업을 위해서는 영어 4급 이상을 따야 한다. 6급이나 8급을 따면 굉장히 영어 실력이 좋은 것으로 여겨져 취직에도 그만큼 이익이 크다. 영어 4급 이상을 획득하지 못하면 본과 졸업장은 취득할지라도 학사증은 얻을 수가 없다. 영문과를 전공으로 하는 학생은 전공 4급이라는 시험을 치루어야 한다. 일반 영어 4급 시험보다 더 전문적이고 어렵다. 시험 유형은 TOEFL과 비슷하다.

4학년이 되면 학생들이 거쳐야 할 것 중의 하나가 실습 제도인데 쉽게 말해서 인턴 제도이다. 졸업 후의 사회 적응 훈련 단계로 몇 달 동안, 또는 한 학기 동안 직접 회사에서 일을 한다. 월급은 거의 못 받다시피 하지만 학점으로 인정되고 회사 내에서도 실습 제도를 거친 학생을 선호한다. 필수는 아니라 선택이고 적절한 회사를 찾은 학생들은 누구나 이러한 실습 제도를 거치기를 원한다. 실습 후 능력이 인정되면 졸업 이후 그 회사에 취직할 수 있는 기회를 잡을 수도 있다.

너무도 다양한 교육의 기회

중국에서 쉽게 찾을 수 있는 '교육 서점' 내부에는 자학(自學), 성인 교육(成人敎育), 사이버 교육 등의 코너가 마련되어 있는데, 모두 대학 교육의 일종이라고 할 수 있다. 각 학교마다 다양한 처지에 속해 있는 사람들을 위한 교육 제도가 설치되어 있으며 학생들은 학위를 따서 좋고 학교는 돈을 벌어(?) 좋다.

자학

'자학'이란 말 그대로 스스로 하는 공부로서, 일반 대학에 정규 입학을 하지 못한 젊은이들이 비정규적으로 수업을 듣고 공부를 해서 졸업장을 따는 제도이다. 중국의 대부분의 대학은 이 자학 제도를 운영하고 있다. 입학 시 따로 시험을 보지 않는 대신 졸업하기까지 많은 시험을 치루어야 한다. 대학 시험에 적합한 점수를 받지 못해 입학하지 못한 학생이거나 전문대학을 나오고 중국이나 타국의 대학원에 입학하려는 이들이 많이 신청한다. 자학생(自學生)을 위한 책들은 따로 준비되어 있는데 졸업을 위해서 약 20~30과목을 듣는다. 학비는 일반 대학생들보다 비싸고 한 과목 단위로 600~800위엔의 돈을 지불한다. 북경에 있는 친구 하나는 전문대학을 나오고 미국으로 대학원을 희망하기 때문에 현재 '경제학'을 자학한다.

친구의 기숙사에는 일곱 명이 같이 한 방에 살고 있었는데, 그 중 여러 학생들이 같이 자학을 하고 있었다. 수업은 각 대학에 설치된 자학 수업을 듣고 졸업 전에 논문을 쓰고 일반 대학생들과 다름없이 공부한다. 어찌 보면 일반 대학생들보다 더 많은 공부를 해야 한다. 일반 대학교의 경우는 입학이 어려운 대신 졸업은 정해진 규칙에 크게 어긋나지 않고 낙제 점수가 많지 않으면 무사히 졸업할 수 있지만, 자학의 경우는 수업을 듣는 과목마다 항상 시험을 봐야 하며 그 시험에 한 과목이라도 통과하지 않으면 자격이 박탈된다. 엄격한 시험 체계 때문에, 교수도 자학생이 졸업하기 위해서는 많은 공부를 하고 모든 시험에 통과하여야 하기 때문에 오히려 일반 대학생들보다 더 많은 공부를 하는 경향이 있다고 말할 정도다.

에피소드 : 자학생? 본과생?

한번은 두 명의 중국 친구들과 같이 집을 구할 때가 있었다. 모두 대학교에서 알게 된 학생이었고 그 둘은 나를 통해서 서로 소개를 받았다. 그런데 그 다음날 한 친구가 같이 살기 싫다는 내색을 했다. 집까지 다 구했는데 갑작스러운 이야기에 너무 황당했다. 이유인즉슨 자기는 정규 시험을 거쳐 당당히 대학생이 된 본과생(本科生)인데 다른 친구는 자학생이라는 것이다. 본과생들은 그만큼 자학생들에 대해 자존심을 세우고 확실한 선을 그으려고 한다. 정규 대학 입학 과정을 거쳐 대학에 입학한 학생들은 그들과 같은 수업도 듣지 않고 정규 과정으로 대학에 들어오지 않은 자학생들을 그들과 대등하게 보지 않으려는 경향이 있다. 그 당시 그 차이를 몰랐던 나로서는 너무 화가 나서 아예 그 둘과 다 살지 않기로 결정을 내리고 말았다. 둘 다 친구였기 때문에 둘 중 한 명만 택하는 것이 불가능했기 때문이다.

성인 교육

성인 교육은 공부할 시기를 놓친 성인들에게 열린 교육의 기회를 주자는 취지에서 시작됐다. 깊이 이야기하자면 정치적으로 혼란했던 중국의 문화대혁명 시기(1966~1976년)에 대학교의 폐교로 공부를 할 수 없었기 때문에 이후 성인 교육이 활발히 이루어졌다. 입학하기 위해서는 전공과 관련된 간단한 시험에 통과해야 하고 일반 대학생처럼 3~4년 과정을 배워야 한다. 수업도 성인 교육을 듣는 이들끼리 별개로 공부한다. 졸업증은 일반 대학생들과 구별된다.

사이버 학교

현재 중국 교육부 지정으로 청화대, 북경대, 인민대 등 45개 대학에서 인터넷 학교를 운영하고 있다. 사이버 학교에 입학하기 위한 특별한 시험은 없다. 약 150~160학점을 이수해야 하고 기간은 2~6년 과정이다. 한국의 사이버 학교와 같은 방법으로 이루어지고 학비는 일반 대학과 비슷하거나 조금 더 비싸다.

외국 학생들을 위한 사이버 교육 과정의 기회도 있다. 대부분 학교의 프로그램은 중국어와 문화, 역사, 정치에 관련되어 있으며 중국에 직접 유학 와 있지 않더라도 공부하기를 희망하는 학생들을 위한 과정이다. 학비도 일반 과정과 그리 많이 차이가 나지 않기 때문에 좋은 기회라고 생각한다.

민반 학교

민반 학교(民班學校)는 국가가 아닌 개인이 운영할 수 있는 학교 체제로 일명 사립 학교 형태다. 이런 사립 학교는 특히 전문적인 기술을 배울 수 있는 기회를 많이 제공한다. 직장인들도 회사를 다니면서 민반 학교를 많이 활용한다.

제 3 장
중국의 외국 유학생 교육

중국의 외국 유학생 교육

중국이 외국 유학생 교육을 시작한 것으로 1950년부터이지만 본격적으로 외국인 유학생을 받은 것은 개방 개혁 이후이다. 급증하는 외국 유학생들을 특성에 따라 다양하게 분류하는데, 대학교만 하더라도 언어 연수생(言語生), 학부생(本科生), 석사 연구생(碩士研究生), 박사 연구생(博士研究生), 보통 연수생(普通進修生), 고급 연수생(高級進修生), 연구학자 및 단기 학습반이 있다. 단순하게 중국어반 입학이나 학부 입학 이외의 정규 대학에서 실행하는 외국인 분류 유형을 이해하고 가면 훨씬 제대로 된 중국 유학을 할 수 있다. 나 같은 경우도 전혀 정보를 얻지 않고 맨 땅에 헤딩하던 스타일이었기 때문에 제대로 유학생을 위한 교육 제도를 활용하지 못해서 가슴을 치면서 나 자신을 원망했던 적이 한두 번이 아니었다.

더군다나 현재 조기 유학의 붐으로 유학생들의 연령층은 점점 낮아지고 있다. 이전에는 외국 유학생을 받는 중·고등학교가 굉장히 제한적이었지만 지금은 점차 증가하고 있다. 이렇게 외국 유학생들이 수적으로도 급증하고 연령별도 다양해지고 있는 실정이어서 중국 학교도 그에 발빠르게 대처해서 외국인들을 위한 여러 종류의 반을 편성하고 있다. 중국 학교에는 유학생들의 유형에 따라 각기 다른 교육과정이 마련되어 있기 때문에 중국 학교의 특성을 잘 이해하고 입학하는게 좋다. 입학 요건도 매년 바뀌는 경우가 많기 때문에 관심 있는 특정 학교를 선정해서 알아 놓는 게 시간과 돈을 절약할 수 있는 현명한 방법이다.

외국인으로서 중국 학교에 적응하기

중국에서 어떠한 학교를 다니는가에는 여러 가지 선택 방법이 있다. 현재 중국으로 유학을 오는 많은 한국 중·고등학생들 중 물론 오기 전에 중국어를 공부한 이들도 있지만 거의 대부분이 중국어를 전혀 모르는 채 중국으로 덜렁 보내진다. 이러한 가지각색의 한국 학생들은 자기가 어떻게 선택하느냐에 따라 중국에서 다양하게 중·고등학교 생활을 할 수 있다.

조기 유학이 각광 받는 이유

만일 유아원이나 초등학교부터 중국 학교에 입학하면 적응하는 데 걸리는 시간도 그만큼 짧다. 내가 아는 한 한국 선배의 아들은 중국 유아원에 몇 달밖에 다니지 않았지만, 평상시에는 중국어로 말하며 엄마, 아빠의 중국어 발음을 가르친다고 한다. 이처럼 조기 유학의 크나큰 이점은 외국 생활과 문화, 언어에 빨리 적응하기 때문에 적응 문제에 생길 수 있는 부담감이 훨씬 줄어든다는 것이다.

　또 하나는 '외국인'이나 '다른 인종'으로서 느끼는 이질감이 적다는 것도 중국 유학의 장점이다. 언어상에 문제가 없을지라도 서구 사회에서 느끼는 인종적 이질감의 큰 벽을 중국 유학에서는 허물 수 있다. 이렇게 어린 나이에 중국 교육을 받기 시작하면 중국 학생들과 똑같은 교육 체계를 받을 수 있다.

외국인의 중·고등학교 입학은?

외국인들이 중국 중·고등학교 입학하려면 두 가지 유형이 있다. 중국 학생들과 수준이 비슷하다면(아주 어렸을 때부터 중국에 와서 산 경우) 중국 학생들과 똑같은 시험을 거친 후 중·고등 학교에 입학해야 한다.

표 3-1 일반 중국 학교의 교과목

중학생 학력반	
중학교 1학년	중국어, 수학, 영어, 지리, 음악, 미술, 체육
중학교 2학년	중국어, 수학, 물리, 화학, 영어, 음악, 미술, 체육
중학교 3학년	중국어, 수학, 물리, 화학, 영어, 음악, 미술, 체육
고등학생 학력반	
고등학교 1학년	중국어, 수학, 물리, 화학, 영어, 중국역사
고등학교 2학년	문과 : 중국어, 수학, 영어, 역사, 중국역사 이과 : 중국어, 수학, 물리, 화학, 영어
고등학교 3학년	문과 : 중국어, 수학, 영어, 중국역사 이과 : 중국어, 수학, 물리, 화학, 영어

하지만 중국어 실력이 많이 떨어질 경우(십대에 중국에 온 학생들로 중국어가 미숙한 경우)에는 학교에 직접 찾아가 교장 선생님과 상담을 한 후 특별 입학이 가능하다. 외국인들을 위해 만들어 놓은 특별반에 따로 배치되는 경우가 대부분이다. 단, 입학금이 중국 학생들에 비해 두 배 이상 비싸다는 단점이 있다. 학교에 충분히 적응했다고 생각하거나 중국인들과 대등한 입장에서 공부하기를 욕심 내는 학생은 이후에 중국 반에 들어가 같이 수업을 받을 수 있다.

어떤 학교에 다녀야 하지?

중국의 학교 유형은 우리가 생각했던 것보다 훨씬 다양하기 때문에 꼭 한국 학교처럼 일반 학교에서만 공부해야 한다고 고집할 필요가 없다. 자신의 현재 입장에서 어떤 학교가 가장 좋을지 신중히 고려해 보는 것이 좋다. 그러나 처음 어떤 학교에 입학하느냐가 모든 것을 결정하는 것은 아니다. 내가 만난 이들 중에서도 그냥 안주하는 아이들보다 여러 도전을 시도해서 멋지게 성공한 케이스가 많았다.

조선족 학교(朝鮮族學校)

중국, 특히 조선족들이 밀집해 있는 동북부에는 조선족 학교들이 많이 있다. 조선족 학교에서 영어를 가르쳐 본 나는 그 곳에서 여러 한국 학생들을 만났다. 물론 조선족 학교의 수업도 중국어로 이루어진다. 하지만 대부분의 학생들이 한국어를 하기 때문에 한국 학생들이 학교에 적응하기는 그리 어렵지 않다. 선양(沈陽)에 위치하고 있는 한 조선족 학교의 교장 선생님의 말로는 한국의 IMF 전에는 정말 많은 한국 학생들이 중국으로 왔기 때문에 한국인들을 위한 반을 따로 편성할 정도였다고 한다. 하지만 IMF 이후 학생들 수가 급격하게 줄거나 대부분의 학생들이 잠시 들렸다가 가는 떠돌이식이어서 한국반을 새로 편성하지는 않았지만, 요즘 한국의 경제가 다시 나아지면서 많은 학생들이 오기 때문에 한국반을 따로 만들 예정이라고 했다.

한국 학생들은 다른 학생들처럼 수업을 똑같이 들을 필요는 없다. 우선 중국어를 공부하는 게 급선무이기 때문에 중국어를 집중적으로 공부하면서 학교 생활을 한다. 하지만 다른 조선족 학생들과 주로 조선어를 사용하기 때문에 중국어가 빨리 늘지 않는다는 단점이 있긴 하다. 한국 아이들이 조선족 아이들과 사이좋게 지내지 못하는 것은 아닐까, 무슨 싸움이나 대립이라도 일어나는 건 아닐까 하고 걱정할 필요는 없는 것 같다. 내가 만난 네 명의 한국 아이들도 그들과 어울려서 잘 지내고 있었다. 학교에서 구정 전에 파티가 있어 장기 자랑을 준비하느라 연습하는 데 몇 번 참관하여 어울린 적이 있다. 한국 학생들이 주도적으로 춤과 노래를 가르쳐 주었고, 와자지껄 떠들며 잘 지내고 있는 걸 보니 조선족과 한국인의 대립은 어른들만의 문제라는 생각이 들었다.

일반 학교

중국의 공립, 사립 중·고등학교에서도 한국 학생들을 받아들이기 시작했다. 베이징이나 상하이, 선양, 티엔진과 같은 한국인들이 많이

▲ 어언대의 HSK 전문 입시반.

거주하고 있는 지역 학교의 경우는 그만큼 한국 학생들의 수가 많기 때문에 한국인들을 위한 반을 따로 편성한다. 물론 중국인 반에 형식적으로 편성되어 있지만 한국인들을 위한 특별 수업이 열려 있는 경우가 많다. 예를 들어 한국 학생들을 위한 초급반(중국어를 전혀 모른 채 중국에 온 한국 학생, 이 학급의 선생님은 한국어를 할 수 있는 조선족 선생님들이 맡는다), 중급반(HSK³⁾ 6급 이상을 준비하는 학생들), 고급반(HSK 8급 이상을 준비하는 학생들)으로 배정되어 있다. 외국 학생은 일반 중국인들보다 학비가 몇 배 이상 비싸다. 가령 일반 중국

3) HSK : 중국어 수평고시. 영어의 TOEFL에 해당하며 외국인이나 중국어를 모국어로 하지 않는 사람의 중국어 능력을 평가하기 위해 설립된 국가급 표준화 고시이다. P191 참조

학생들은 한 학기에 600~700위엔 정도의 학비를 내면 한국 학생들은 한 학기에 3,000~4,000위엔 정도의 학비를 낸다. 기숙사도 3인실, 8인실 다양하게 있는데 한국 학생들은 대부분이 3인실에서 지내기 때문에 더 비싼 비용을 지불한다. 대부분의 중국 중·고등학생들은 기숙사에서 지내는데 아침, 저녁을 위한 식비는 또 따로 내야 한다. 이러한 세부적인 상황은 학교마다 약간씩의 차이가 있지만 일반적으로 이러한 차이점이 있다고 고려해 두면 된다.

한국 학생들을 그렇게 따로 구분하는 데는 여러 가지 이유가 있다. 한국 학생들을 중국 학생들과 같은 반에 편성해 놓으면 학급 평균 점수가 떨어지기 때문에 심지어 어떤 학교에서는 한국 학생들이 시험을 치르는 것을 기피하는 곳도 있다. 또 다른 이유로는 그렇게 중국 중·고등학교로 온 학생들은 영어나 수학에는 잘 적응하는 반면 어문 수업이나 정치, 역사 수업을 따라간다는 것은 거의 불가능하다. 아예 그런 이유로 학생들이 수업을 잘 듣지 않고 밖에서 배회하는 경우도 있기 때문이다. 그렇게 따로 편성된 한국반의 한국 학생들은 주로 그 원수 같은(?) HSK 점수가 가장 급선무이기 때문에 시험 위주로 공부를 한다. 그런 이유로 중국 학생들과 많이 어울리지 못하는 단점이 있다.

하지만 북경대에서 만난 한 학생이 겪은 몇 년간의 중국 생활 이야기는 뇌리에서 계속 떠나지 않을 정도로 매우 인상적이었다. 중문과 4학년을 다니던 학생인데 초등학교 6학년 때 왔으니 그 학생 말로는 당시만 해도 그렇게 한국인들이 많지 않았다고 한다. 한국인들이 갖는 혜택도 그만큼 못 받은 것이었다. 일반 중국 학교에서도 한국인들을 안 받는 학교가 많았기 때문에 조선족이라며 공부를 했다고 한다. 일반 중국 학교에 입학해서 혼자 중국 학생들과 어울려서 생활을 했다. 중국 학생들과 똑같이 시험 보고, 똑같이 학교 가고… 힘들었지만 그냥 그렇게 해야겠지 하며 다 묵묵히 받아들이면서 공부를 했다고 한다. (말하는 것을 들어만 봐도 참 묵묵히 조용히 곰처럼 이야기한다.) 중·고등 입학 시험도 그렇게 해서 통과했고 결국은 자신이 원하는 북경대 중문과에 들어와서 이제 마지막 학기에 전념하고 있다. 지금은 정말 한국 학생들이 많다고 웃으면서 이야기했다. 그래서 덜 외로워서 좋고, 한국 학생들끼리의 동아리 활동에 적극적으로 참여할 수 있어서 좋고, 차이나 붐 때문에 방학 때 한국 들어가면 과외나 학원 선생님 자격으로 학비와 생활비를 벌 수 있어서 좋다고 마냥 웃으면서 이야기했다. 저렇게 웃으면서 이야기하고 있지만 분명 마음 고생도 많이 했을 것이다. 그 학생 앞에서 참 내 자신이 한심해 보이기까지 했다. 그렇게 열심히 묵묵히 공부하고 있는 어린 학생을 보니 내 자신에게 채찍질이 되었다. 중국에 있는 한국 학생들을 모두 나쁜 시각으로만 보아선 안 되겠다.

한국 학생들에게 유명한 일반 학교 참조
〈북경〉

북경사립회가학교(北京私立匯佳學校)

북경사립회가학교는 1993년에 창립되었으며 다른 학교와는 다른 독특한 학제를 운영하고 있다. '5, 1, 3, 2, 1(타학교의 6, 3, 3제와 년수는 같다)'으로 나누어져 있다. 취학전 반 5세부터 초등학교 5학년 과정은 영어, 예술 활동이 주 교육 내용이다. 영어 듣기, 말하기 훈련을 강조하고 중국인 교사가 수학과 중국어 기초를 가르치고, 미국에서 온 선생님이 영어로 수업을 담당한다. 6학년은 영어를 강화하는 학년이다. 교내 또는 미국에서 실시하기도 한다. 7학년부터는 '해외 중학교반' 신청 과정이 있다.

중학교부터는 '보통 중학반'과 '해외 중학반' 두 가지 과정이 있는데 학생이 자체적으로 결정할 수 있다. '보통 중학반'은 국내 고등학교로 진학하는 것을 목표로 하는 반면, '해외 중학반'은 고등학교 졸업 후에는 해외 유학을 목표로 하고 있어, 전 과목이 영어, 중국어로 수업이 진행된다.

고등학교부터는 학생들이 좀더 다양하게 선택 할 수 있는데 '국제학위반', '해외 고등학교 예과반'이 있어 학생들이 해외 유학 시에 적응을 할 수 있도록 하는 과정을 따로 배치해 놓고 있다. '보통 고등학교반'과 '회가취업반'은 중국에서 대학 진학을 하려는 학생들과 졸업 후 취업을 목표로 하는 학생들을 위한 반이다. 현재 중국 대부분의 고등학교는 취업반도 따로 배치되어 있는 게 특징이다.

- **대략적 학비 (교통비, 기숙사비 포함)**

  유치원 5,850달러(U.S)

  1~3학년 7,300달러

  4~6학년 7,670달러

중학교 7,460달러

고등학교 7,910달러

어학연수 7,120달러

국제연수대학 중학부 (구 북경 55중학)

2001년부터 이전의 55중학에서 독립해서 새로운 명칭으로 학생들을 모집하고 있다. 이전의 55중학은 부모가 Z비자(취업 비자)를 받아 북경에 상주하는 학생들만 받기로 하고, 학생만 유학을 오는 경우 지금의 국제연수대학 중학부에서 맡기로 결정했다. 도착 후 6개월 내지 1년은 한어보습반에서 중국어를 배우며, 연수 후에 본인의 결정과 한어 수준에 따라 국제반에서 학습을 계속하던가, 중국인반으로 편입되던가 결정된다. 중국어 수업 외에 수학, 물리, 기타 문화 과목이 있으며, 학교는 본국에서의 학년과 연령에 따라 반을 배정해 준다. 월요일에서 금요일 오전 8시 20분에서 오후 3시 15분까지 수업이며, 관광 활동도 있다.

보습반의 성적 합격자는 매년 6월 하순의 북경 55중학의 편입 고사에 참가할 수 있으며 이 시험에 합격하게 되면 학년이 결정된다.

한국인 학생만 따로 수업을 받으며 음악, 미술, 컴퓨터, 수영, 농구, 볼링 수업도 모두 학비에 포함되어 있다.

- **어학 연수 비용**

  입학금 : 2,500달러 (20,000위엔)

학비 : 중학부 1,300달러 (10,400위엔)/ 고등학부 1,650달러

(13,200위엔)/ 교재비와 한어실천활동비 포함

- 어학 연수 후 중국인 과정 혹은 국제반에 편입하기 위해서는 시험이 있다.

시험 과목 : 중국어, 물리, 수학, 영어

시험 일자 : 매년 1월 24일, 25일

입학 허가 결정 : 1월 말경

- 정규 과정 비용

학비 : 중학부 11,650위엔/학기, 고등학부 14,550위엔/학기

북경 회문중학교

회문중학교는 1871년에 건립된 학교로 중점 중학교이다. 커다란 캠퍼스에 문화교류센터, 체육관, 운동장, 어학실습실, 시청각실, 강당, 십만여 권의 장서를 보유한 도서관을 갖추고 있다. 현재 외국인 유학생을 위한 한어반과 국제반이 운영 중이다.

- 한어반

초급반, 중급반, 고급반이 개설되어 있다. 과정은 기본적인 듣기, 읽기, 쓰기, 말하기 등의 과정이 개설되어 있다. 또한 기타 과목으로 서예, 수묵화, 컴퓨터 등의 강좌가 개설되기도 한다.

한어 과정 약 6개월 내지 1년 후 시험을 통과한다면 본 과정으로 편입이 가능. 현재 어학 연수 후 본과정 진학을 위해서는 반드시 HSK

3등급을 취득해야만 한다.

• **학력반**

HSK 3등급 이상 취득한 경우 본 과정으로 입학이 가능하다.

본 과정 입학 시 본인의 의사에 따라 중국인반, 혹은 국제반으로 편입이 가능함.

• **본과 과정에서 배우는 과목은 :**

영어, 수학, 물리, 화학, 생물, 지리, 역사, 체육, 미술, 음악, 컴퓨터 등

매월 1~2회 관광 활동이 있다.

• **비용**

1) 등록비 : 50달러

2) 학비 : 1,300달러/학기(학비 100달러 인상)

3) 잡비 : 400달러/학기(관광비, 책자, 오락비 등)

4) 기숙사비 : 600달러(4인실)/학기, 1,100달러(2인실)/학기(샤워실, 화장실, 전화, TV 구비)

5) 기숙사 보증금 100달러/학기

6) 기숙사 관리비 150달러/학기

*홈 스테이를 할 경우 약 2,000위엔~2,800위엔/월

*중국인반에서 학습을 원할 경우 매학기당 5,000위엔을 추가 지불해야 함.

총 비용 합계 : 3,100달러 (약 418만원) (생활비 비포함)

북경 19중학

제19중학교는 1952년 설립된 학교로 북경대학, 청화대학, 인민대학 등 명문 대학이 밀집해 있는 곳에 있다.

특히, 외국어 교육 및 컴퓨터 교육, 예술 교육을 중시하고 현재 영국, 싱가폴, 독일 등의 고등학교와 자매결연을 맺고 교환 방문이 이루어지고 있는 대외 개방 고등학교이다.

- **교육 방침**

고등학교 입학 전까지 어학 연수 및 교육에 집중하며, 필요 시 보충 수업과 기타 강의를 실시한다. 학습 기간이 만료되면 시험을 거쳐 졸업증서를 발급해 주며, 졸업 후 학생들이 대학에 진학할 수 있도록 최선의 노력을 한다.

1999년도 대학 입학률은 95%였으며 북경대, 청화대, 인민대, 북경사대, 수도사대 등 일류 대학으로 진학하고 있다.

- **학비 및 학습 과정 학비**

1,200달러/학기(한어진수, 본과반 : 1일~7시간)

어학 연수 : 1일 4시간

- **기숙사비**

1,100달러/학기(세탁, 청소 대행 비용도 포함)

- **식비**

600달러/학기(조선족 아주머니가 밥을 해 줌)

수도사범대학부속중학교

수도사대부속중학교는 1914년에 설립된 역사가 오래된 중학교이다.

• **한어반**

초급반, 중급반, 고급반으로 개설되어 있다. 과정은 기본적인 듣기, 읽기, 쓰기, 말하기 등의 과정이 개설되어 있다. 또한 기타 과목으로 서예, 수묵화, 컴퓨터 등의 강좌가 개설되기도 한다. 또한 매월 약 1~2회 관광 활동이 있다. 한어 과정 약 6개월 내지 1년 후 시험을 통과한다면 본과정으로 편입이 가능.

• **학력반**

수도부속학교 HSK 4등급 이상 취득한 경우 본과정으로 편입이 가능하다. 본과정 입학시 본인의 의사에 따라 중국인반, 혹은 국제반으로 편입이 가능하다.

• **본과 과정에서 배우는 과목은 :**

영어, 수학, 물리, 화학, 생물, 지리, 역사, 체육, 미술, 음악, 컴퓨터 등 매월 1~2회 관광 활동이 있다.

수업 시간 : 월요일~금요일, 오전 8시~오후 3시

• **비용**

1) 등록비 50달러

2) 학비 1,300달러/학기(한어 진수반, 교재비 포함)

　학비 1,800달러/학기(국제반 학력반)

3) 기숙사비 900달러/학기(4인 1실, 방 안에 전화, TV, 냉장고, 에어

컨 설치, 공용 샤워실, 화장실)

중학생 기숙사 1,350~1,500달러(가격 미정. 2인 1실, 방 안에 샤워실, 화장실, 에어컨, 냉장고, TV, 전화기, 개인 책상, 개인 옷장, 침대, 공용 세탁기, 공용 전자렌지)

4) 기숙사 보증금 100달러

5) 관리비 250달러/학기(방학 중 관리비 50달러)

   *홈 스테이 시에도 관리비는 납부해야 함

6) 식사비 450달러(의무 급식, 2식 5찬, 주말은 제외)

7) 교복비 700위엔(정복 1벌, 동복 2벌, 하복 2벌)

8) 잡비 150달러(비자비, 거류증비, 신체 검진비, 교재비, 여행비, 소풍비)

총비용 합계 3,300달러 (생활비 비포함)

중학생은 3,900달러(생활비 비포함)

〈장춘〉

장춘 육재외국어중학교

중국 길림성 소재지인 장춘시에 위치한 중·고등학교이다. 장춘은 중국어 표준 지역인 동북 삼성(헤이룽장성, 지린성, 랴오닝성)에 위치한다. 이 학교는 건교 십년 동안 많은 중학생 및 고등학생을 배출했다. 중국의 WTO 가입에 발맞추어 외국 유학생들의 중국어 연수를 받기 위해 중국 교육청의 인허가를 모두 비준받았으며, 2002년 부터 외국 유학생을 모집하고 있다. 입학 후 어학 연수를 마치고, 일반 중국 학생들과 함께 중학 과정과 고등학교 과정을 모두 이수할 경우 졸업 증서가 발급된다. 저렴한 비용으로 유학 생활이 가능하므로 한번쯤 고려해 볼 만하다.

- **한어반**

    초급반, 중급반, 고급반이 개설되어 있다. 기본적인 듣기, 읽기, 쓰기, 말하기 등의 과정이다. 기타 과목으로 음악, 미술, 체육이 있다.

- **학력반**

    본과 과정에서 배우는 과목은:

    중학교 – 중국어, 서예, 음악, 미술, 체육, 수학, 영어, 중국개황 등

    고등학교 – 중국어, 영어, 수학, 물리, 화학, 생물, 지리, 역사, 체육, 미술, 음악, 컴퓨터 등

- **개학 시기**

    1학기 : 매년 9월 초~다음해 1월 10일

    2학기 : 매년 3월 초~그 해 7월 초

    수업 시간 월요일~금요일, 오전 8시~오후 3시

- **비용**

    1) 등록비 400위엔

    2) 학비

       중학교 – 15,000위엔/1년, 고등학교 – 16,000위엔/1년

    3) 기숙사비 – 무료 (4인 1실, 공용 샤워실, 화장실)

    4) 식대, 교재비 별도

(1인 식대 약 300~400위엔/1개월, 교재비 200~300위엔/6개월)

총비용 합계 16,700위엔(생활비 비포함)

〈상해〉

상해 진재중·고등학교

1996년 대만인의 후원으로 설립된 상해 진재중·고등학교는 영점학교로 불리는 학교이다.

homepage : www.jinjae.com/

e-mail : jinjae@jinjae.com

- **필수 과목**

  영어, 수학, 자연과학, 사회과학, 중국어, 체육, 예술, 컴퓨터, 가정, 사회학, 사회봉사

- **선택 과목**

  제2외국어, 서예, 미술, 중국무술, 중국요리, 중국침술, 경극, 중국 전통 미술 등

- **국제부 유학생(중국어 학습)**

  오전 8:20~12:20, 5과목 수업(한 과목당 40분 수업)

  오후 1:30~3:50, 5과목 수업(한 과목당 40분 수업)

  오전, 오후 한 번씩 티타임

  유학생은 오전에 언어 과목, 오후에 선택 과목(음악, 미술, 체육 등)

  저녁 10:30 취침

- 중국 학생(필수 과목)

    오전 6:15~7:45 기상, 체조, 식사, 자습

    오전 7:50~11:45 수업 4과목(한 과목당 45분)

    오후 1:30~3:50 수업(통학 학생)

    오후 1:30~5:05 수업(기숙사 학생)

- 입학 신청

    입학 자격 : 12세 이상으로서 중학교 1학년에서 고등학교 3학년까지의 학생

    1차 구비 서류 : 재학증명서 2부, 생활기록부 사본 2부, 최종 학교 성적증명서 2부, 신청서(소정 양식), 본인 및 가족 소개서(소정 양식) 각각 2부씩

    2차 구비 서류 : 주민등록등본 2통, 여권 사본 2부

국제 학교

국제 학교의 가장 큰 장점은 어릴 때부터 여러 국가의 친구들을 사귈 수 있고 클럽 활동이 활발하다는 것이다. 학교 수업에만 얽매이기보다는 여러 클럽 활동들이 이루어지고 있고 어린 나이에서부터 각 개인의 전공 분야를 빨리 살릴 수 있다.

중국에도 캐나다나 미국과 같이 합작하여 세워진 국제 중·고등학교들이 속속들이 많이 생기고 있다. 국제 학교는 중국에서 점차 증가하는 추세다. 국제화된 대도시에서는 쉽게 찾을 수 있다. 이러한 국제 학교는 한국에 와서도 학교 소개를 하며, 많은 한국 중·고등학생을

유치해 가기도 한다. 중국에서 중국어와 영어를 다 같이 공부할 수 있다는 타이틀을 걸고 홍보를 한다. 학비는 일반 중국 학교에 비해서 어마어마하게 비싸다. 이것저것 따지다 보면 1년에 한국 돈으로 족히 1천만 원은 든다.

중국의 많은 부유층 자녀들이 국제 학교를 다닌다. 중국 학생들의 최종 목적은 국제 학교에서 중·고등학교 과정을 끝마치고 합작을 맺은 국가로 유학을 가는 것이다. 한국 학생들의 경우는 중국어와 영어를 동시에 배워야 하기 때문에 고생을 하기도 한다. 학교가 홍보하는 것보다 많이 부족하거나 교과 과정이 일반 한국 학교보다 떨어지는 학교가 많기 때문에 이 학교에 입학하려면 심사숙고하여 결정하는 것이 좋다. 외형적으로 보이는 화려함보다는 학교 과정과 이 학교로 유학을 가면 정말 무엇을 얻을 수 있을지, 학교와 학생, 선생님들(특히 이렇게 중국에 온 외국 선생님들은 전문 교사 자격증이 있는 것도 아니고 영어를 한다는 이유만으로 학생들을 가르치기도 한다. 정말 황당할 정도의 전문 지식이 없는 이들도 많이 있다)의 실력은 어떤지를 확실히 체크해 보아야 한다. 많은 한국 학생들이 국제 학교에 있다가 중간에 포기하고 일반 중국 학교를 가는 경우도 보았다. 그리고 만일 중국 대학에 입학하는 것이 최종 목표라면 일반 중국 학교를 추천하고 싶다.

일반적으로 국제 학교의 중국 학생들에게 최종 목표는 외국 학교에 입학하려는 것인 만큼 영어 중심으로 수업이 이루어지는 경우가 대부분이다. 이 기회를 십분 잘 발휘하여 영어와 중국어를 마스터하고 외국 학교로 가는 한국 학생들도 있지만 그 수가 그렇게 많지는 않다. 두 마리 토끼를 완벽하게 다 잡는 소수 한국 학생들의 노력은 정말 눈물 날 정도로 감동적이다.

대부분의 한국 학생들은 중국에 있는 대학에 가기를 희망한다. 그러니 중국 명문 대학에 입학하기를 원해 대학 시험을 준비하는 학생들은 준비 과정에서 1년이 더 연기되는 수도 있다. 내가 만난 한 국제 학교 학생의 경우는 과감히 중간에 학교를 그만두었다. 고등학교 1학년 때 국제 학교로 온 남학생이었는데 확실히 중국 대학에 입학하기로 결정한 날 1년 6개월의 국제 학교 생활을 바로 접었다. 물론 부모의 결정보다 자신의 의지를 따랐다. 그리고 중국의 공립 학교로 옮겨 가서 정말 바깥 세계와 두문불출하며 4개월간 공부하더니 처음 HSK 시험을 신청해서 바로 6급을 땄다. 주변에 있는 모든 이들이 놀란 것은 당연했다. 모두 그 학생보다 오랜 중국 생활을 했지만 아무도 6급까지 딴 이가 없었기 때문이다.

그 학생은 이번 여름 방학 이후 북경의 고등학교 3학년으로 전학해서 이공계에 관심이 있는 만큼 청화대 준비반 과정도 겸해서 다닐 거라 했다. 청화대를 목표로 하는 만큼 정보를 많이 얻을 수 있는 바다로 직접 뛰어들겠다는 것이 이유였다. 물론 참 많이도 옮겨 다니며 요란하게 공부하는 것 같지만 결국은 자기가 얻고자 하는 결과를 얻기 위해 차근차근 밟아 나가고 있다. 놀기 좋아하는 학생들처럼 (참 놀기 좋아하게 생겼던데…) 유흥비로 돈 들 일이 전혀 없었으니까 오히려 더 알뜰히 알차게 살아가는 모습이 너무나 대견스러워 보였다. 아직까지 중국어가 서툴다고 멋쩍은 듯 이야기하지만 언젠가는 그 누구보다 자신있게 중국 생활을 이끌어 나갈 그 아이의 모습이 보이는 것 같았다.

대련 풍엽 국제 학교

대련 풍엽 국제 학교는 요녕성 대련시에 위치한, 중국과 캐나다가 합작한 국제 학교다. 1995년에 건립되어 1997년에 국제 구역에 걸친 학교 평가 위원회의 인가증서를 받았다. 1998년에 미국 서북학교 대학 협회 위원회와 캐나다 브레팀 콜롬비아(BC)성 평가를 거쳐 인가를 받았기 때문에 중국과 캐나다 두 학교가 같이 학교의 운영을 검사 감독한다.

homepage : www.mapleleaf.net.cn

e-mail : study@mapleleaf.net.cn

- **학교 교육 제도**

  초등학교 6년, 중학교 3년, 고등학교 4년(영어 강화 ESL 과정 1년 포함)이 주요 교육 과정이지만, 이 학교에서 초·중등부를 3년 이상 공부하고 캐나다측 영어 시험을 통과했거나 선생님의 추천이 있으면 ESL 과정을 면할 수 있다. 고등학교 졸업 후에는 성적이 우수한 학생의 경우는 직접 캐나다 및 영어권 국가의 일부 대학에 입학할 수 있어 토플 성적이 따로 필요하지 않다.

- **교육 과정**

  초·중 교육 과정은 중국 교육 과정을 따르고 고등부는 이중 학력 교육 과정으로 중국, 캐나다에서 규정된 필수 과정에 따른다. 학교는 물론 중국식 학기와 방학제로 운영된다. 반 인원수는 30명 이내인 소형 반으로 구성되어 있다.

- **학교 과정 프로그램**
  - 초등학교

    어문, 사품(思品), 미술, 수학, 웨이지(微機 : 컴퓨터), 중영, 체육, 외영, 음악, 자연, 사회, 과학(3학년 이후 배우는 과목)

  - 중학교

    1학년 : 어문, 수학, 중영, 외영, 지리, 생물, 역사, 정치, 음악,
    체육, 웨이지, 과학

    2학년 : 어문, 기하(幾何), 수학, 중영, 외영, 생물, 생리학, 지리, 음악, 체육, 역사, 정치, 웨이지, 과학

    3학년 : 수학, 기하, 어문, 중영, 외영, 물리, 화학, 정치,
    역사, 체육, 과학

  - 고등학교

    1학년 : 영어, 어문, 역사, 정치, 수학, 사회, 연극, 웨이지, 지리, 과학, 체육, 과학

    2학년 : 영어, 어문, 수학, 생리학, 정치, 역사, 사회, 화학, 응용기술, 체육

    3학년 : 영어, 어문, 수학, 생리학, 정치, 화학, 체육, 생물, 예술, 상무(비즈니스)

• **학비 표준**

   1. 초등학생 : 4,500달러/1년(기숙사비, 식비 포함)

   2. 중 학 생 : 5,000달러/1년(기숙사비 포함)

   3. 고등학생 : 6,000달러/1년(기숙사비 포함)

   *등록비 : 50위엔

상해 국제 학교(SAS)

상해미국학교(Shanghai American School)는 1912년 선교 활동 및 사업을 위해 상해로 온 외국인들에 의해 설립되었고 현재 중국 내 국제 학교 중 규모가 가장 큰 학교이다. 대부분의 수업 과목과 활동은 국제 학교 대부분이 비슷한 커리큘럼을 가지고 있다.

   homepage : www.saschina.org

   e-mail : info@saschina.org

청도 국제 학교(Qingdao MTI International School)

청도에 있는 국제 학교로 다른 상해나 북경의 국제 학교처럼 규모가 크지는 않지만 체계적으로 잘 되어 있고 다양한 국가에서 온 학생들과 같이 공부할 수 있다. 심양 국제 학교, 북경 사과나무 유치원, 성도 국제 학교, 천진 국제 학교와도 제휴되어 있다.

유치원부터 고등학교 3학년까지 과정이 구성되어 있고 수업은 전부 영어로 이루어진다. 이 학교 입학의 전제 조건은 부모들 중 한 명이 청도에 거주해야 한다는 것이다. 영어로 보는 입학 시험에 통과해야 하는데 10세 이하의 학생은 통과하지 못하더라도 영어 수업반에 입학할 수 있다. 영어 수업 과정을 거치고 정식반에서 수업을 들을 수 있다. 중국어 수준은 전혀 개의치 않는다. 유치원의 경우는 1년의 학비가 약 5,000달러이고 그 이상은 약 1만 달러이다.

homepage : www.qmischina.com

e-mail : qmis@qmischina.com

북경 국제 학교
*Beijing BISS International School

1994년도에 설립된 북경에서 최초로 인가된 국제 학교는 유치원에서부터 고등학교까지 과정을 끝마칠 수 있다. 학비는 북경인만큼 비싸다. 유아원의 경우는 약 8,000달러이고 고등학생의 경우는 약 2만 달러이다.

homepage : www.biss.com.cn

e-mail : Headmaster@biss.com.cn

*International School of Beijing(ISB)

북경 미국 대사관의 자녀들을 위해서 설립되었던 이 학교는 현재는 유아소(4세 이상)에서부터 고등학교까지 공식적인 국제 학교로 자리매김하고 있다. 부모나 자신이 외국 여권을 가지고 있으면 입학할 수 있는 자격이 된다. 학비는 유아원은 약 8,000달러이고 고등학교 과정은 약 2만 달러이다.

이 학교의 장점은 일반 대학처럼 흥미로운 전공 분야를 일찍 선택해서 집중적으로 공부할 수 있다.

homepage : www.isb.bj.edu.cn/

e-mail : admissions@isb.bj.edu.cn

천진 개발구 국제 학교(TIST)

1994년에 개발 지역구에서 설립된 천진 국제 학교 또한 다른 국제 학교와 같은 특징을 가지고 있다. 경제 도시인만큼 학비도 북경의 국제 학교와 비슷하다.

homepage : www.tistschool.org/

e-mail : tist@public.tpt.tj.cn

nrbowley@yahoo.com

한글 학교

중국과 한국 간의 교류가 이루어진 지 어느새 20년이 다 되어가는 만큼 한국인들의 중국 거주 기간도 바야흐로 성숙기에 이르렀다. 상하이나 베이징처럼 대도시에 가면 이미 한국 교민들을 위한 활동이나 단체들도 굉장히 활발하게 이루어지고 있다. 부모들과 함께 중국으로 이주해 온 자녀들의 경우는 어린 나이에 중국에 정착하는 만큼 적응 속도는 매우 빠르다. 미국의 제2세대들이나 1.5세대들이 한글을 잊어버리게 되는 것처럼, 중국에 일찍 온 한국 자녀들이 한글을 잊어버리는 것에 대비하기 위해서 이러한 대도시에는 한글 학교들이 속속 생기고 있다. 한국 학부모들이 주도해서 설립한 학교들이 대부분이다. 이것은 자녀들이 한글과, 한국인이라는 정체성, 역사를 항상 기억하게 하기 위해서이다. 또 다른 목적은 자녀들이 대학 입학 시 한국 학교로 편입하게 되는 경우 자기 조국에 대해서 겪게 될 이질감을 줄이고자 함이다. 유치원 교육 과정부터 고등 교육 과정까지 배치되어 있고, 초등 교육 과정은 주로 국어, 예·체능 과정을 중심으로 이루어지고 있으며, 중등 교육 과정 이후로는 국어, 국사를 중심으로 이루어지고 있다.

조선족 학교의 새 바람

　조선족 학교에도 새바람이 불고 있다. 한때 많은 조선족들은 자녀들을 조선족 학교보다 중국인들을 위한 한족 학교로 보내기를 선호했다.

　조선어를 배우는 것에 대한 필요성을 못 느꼈을 뿐만 아니라 한족 사회에 잘 융합하기 위해서는 한족 학교를 다니는 것이 조선족 학교를 다니는 것보다 훨씬 유리했다. 더군다나 조선족 학교를 다니면 그만큼 한족과 비교해서 중국어가 많이 떨어진다는 불안감 때문에 조선족 학교는 인기가 없었다. 그래서 현재 이삼십대의 조선족들 중에 한국어를 못하는 조선족들이 다른 연령에 비해 그 비율이 높다고 한다.

　하지만 이제는 한국과의 교류가 활발해지고 심지어 중국인들도 한국어를 배우는 이들이 증가하면서, 다시 조선족 학교에서 공부하려는 이들도 조금씩 서서히 늘어나고 있다고 한다. 더군다나 예전에는 조선족 학교에서 한족 학교보다 쉬운 교과서를 가지고 공부했지만, 현재 대부분의 조선족 학교는 한국어도 하면서 한족들과 똑같은 교과서로 공부한다. 물론 그만큼 더 힘이 들지만 2개 국어를 동시에 섭렵할 수 있는 이점이 있기 때문에 조선족 학교에 대한 인식이 점차 바뀌고 있다.

중국 대학 들어가기

외국인으로서 중국 대학에 들어가는 방법에는 여러 가지가 있다. 연수생의 자격으로서 중국 대학의 '한어(漢語) 과정'에 들어가 초급, 중급, 고급 단계를 차례차례 밟아 나가 HSK 5~6급 이상을 따고 일반 중국 대학에 들어갈 자격을 갖춘다.

중국 대학에 들어가기 위해서 가장 기본적으로 가지고 있어야 할 것이 바로 HSK 점수다. 한어수평고시(漢語水平考試)라고 하여 초급, 중급, 고급 시험이 있다. 외국인들이 치러야 하는 중국 대학 입학 시험은 일반 중국인들과 다르다. 6월에 시행되는 시험은 중국 학생들처럼 먼저 시험을 치르고 학교를 선택하는 것이 아니라, 각 학교마다 외국인들을 위한 규정이 틀리기 때문에 먼저 학교를 선택하고 그 학교 사정에 맞추어 시험을 봐야 한다. HSK 점수만 있으면 입학을 허가하는 학교도 많다. HSK 점수가 있는 학생은 어문, 영어, 수학, 역사 시험을 봐야 하는데, 문과를 선택하는 이는 어문, 영어, 역사 시험을 보고 이과를 선택하는 이는 주로 어문, 영어, 수학 시험을 치러야 한다. 시험에 통과한 이는 일반 중국인들처럼 본과생이 되어서 중국 대학에 입학한다.

하지만 각오할 것은 일반 중국인들과 수업을 같이 받는 게 절대 쉽지만은 않다는 것이다. 외국에서 외국어로 공부한다는 게 당연히 쉽지만은 않겠지만, 중학교 때부터 곁눈질로라도 봐 온 영어를 가지고 영어권 나라에서 공부한다는 것은 그래도 쪼끔 안도라도 되지만, 생소하고 이상한 발음인 중국어(중국인은 무척 빨리 말한다)를 가지고 수업을 듣고 한자(중국어 한자와 우리나라 한자와 다르다)로 모든 것을 쓰려면 많은 고생이 따르는 건 당연하다. 그래서 약간 머리를 써서 한어반(漢語班)이라고 외국인들을 위해서 만들어진 정규 교육 과정이 있다. '중문(中文)' 과가 대부분인데 외국 학생들끼리 따로 4년 과정의 수업을 들어서 졸업하는 것이다. 이 과도 나름대로의 규칙이 있다.

일반적으로 학제는 4년인데 3년에서 6년까지 자신의 능력에 따라 공부할 수 있다. 학교마다 약간의 차이가 있지만 한어반 학생은 HSK를 보지 않았어도 입학이 가능하다. 하지만 졸업 전 8급을 따야 하는 것이 조건이다. 만일 이미 4급 이상의 HSK를 땄으면 2학년으로 승급할 수 있는 경우의 학교도 있다. 일반적으로 150학점을 따야 졸업이 가능하다. 그러나 솔직히 이야기하자면 (엄청 욕 얻어먹을지도 모르겠지만) 외국인들을 위한 한어반에서 공부를 열심히 하는 학생은 그리 많지 않다. 정말 신나게 4년 즐겁게 놀며 졸업하는 학생들도 있고 열심히 피 터지게 공부하는 학생들도 있다. 하지만 '차이나 붐'이 엄청난 만큼 한어과의 대부분이 한국 학생이어서 중국어를 제대로 배우기에는 그만큼 열악한 환경이라 하겠다.

그래서 현재 중국 학교를 다녀 졸업했다고 하는 학생들에게 하는 첫 번째 질문이 "수료증이야? 졸업증이야?"라는 것이다. 수료증은 학점을 다 이수하지 않고도 받을 수 있는 증서이기 때문에 중국에서 수료증을 땄다고 중국어를 잘한다고 할 수 없다. 하지만 졸업증의 경우는 학점을 다 이수하고 끝마쳤다는 증서이기 때문에 당연히 질적인 면에서 차이가 날 수밖에 없다. 한국 학생들 사이에 수료증의 열풍(?)으로 요즘 한국 회사들도 중국어를 할 수 있는 이를 채용할 때 그것이 수료증인지, 졸업장인지를 눈을 부릅뜨고 찾아내려고 한다.

외국 유학생이 누릴 수 있는 중국 대학 과정

외국 유학생이 중국 대학에 간다고 무조건 언어 연수나 학부에 입학하는 방법만 있는 것이 아니다. 본격적으로 중국 대학에서 공부하길 원한다면 다양한 과정을 살펴본 후 신중히 결정하라고 권해 주고 싶다.

언어 연수

중국어를 배우고자 하는 이들에게 열려 있는 과정으로 일반 중·고등학생들도 방학 기간에 와서 중국 대학에 설치된 중국어 수업에 참가할 수 있다. 일반적으로 초급, 중급, 고급 과정으로 나뉘어져 모든 과정을 완수하는 데는 약 1~2년이 필요하다. 전혀 중국어를 모른 채 중국으로 온 이들이 일반적으로 가장 먼저 거쳐가는 과정이다.

학부 과정(本科生)

현재 한국 학생들뿐만 아니라 일본 학생들도 고등학교를 졸업하고 중국 대학에 적을 두는 학생 수가 급속도로 증가하고 있다. 특히 중국의 대도시에 있는 대학교에서는 한국 유학생들을 위한 프로그램을 따로 준비할 정도로 그 숫자의 증가는 어마어마하다.

일본 학생들도 일본의 우수한 대학에 못 들어가느니 중국 대학에 와서 학부 과정을 마치려는 경향이 강하다. 그러다 보니 중국에서 대학을 다니는 이들은 괜시리 고국에서 '밀려난' 학생이라는 외부 시각으로 인해서 피해를 보기도 한다. 하지만 한 가지 분명한 것은 중국 대학으로의 유학생 수는 점차 증가할 것이며 고국에서 밀려난 학생이건, 자기 의지로 멋진 유학 생활을 하기 위해 온 학생이건 중국 대학의 본과생으로 입학했으면 만만치 않은 중국 대학 수업 과정에 맞춰 공부해야만 졸업을 할 수 있다는 것이다. 각 대학의 학부 과정 입학 기준이 다르며 가장 우선시 되는 것이 HSK 점수와 고등학교 졸업증명서이다. 북경대학이나 청화대학 같은 유명 대학의 경우는 외국 학생들을 위한 입학 시험을 따로 준비하고 있기 때문에 시험 통과자에게만 본과생으로 입학할 자격이 주어진다.

현대한어과 입학

현대한어과는 외국인만이 재학하고 있는 현대 중국어 전공의 학과이다. 대학마다 명칭에서 약간의 차이가 있다. 대부분의 중국 유명 대학에 현대한어과가 개설되어 있다. 입학 조건은 학교마다 차이가 있는데 HSK 3등급 정도면 무난히 입학 가능하다. HSK 점수가 없더라도 졸업 전에 취득한다는 조건으로 입학할 수 있다. 졸업까지 약 150~180학점을 이수해야 하며, 졸업 전에 HSK 8~9급이나 논문, 졸업고시를 통과해야 한다.

타학교의 현대한어과로도 편입이 가능하다. 최근에는 대부분의 대학이 HSK 5등급 이상이면 편입생을 받아 준다. 편입 시에 따로 시험이 있는 대학은 북경어언대 뿐이고, 나머지 대학은 HSK 등급만으로 입학이 가능하다. 한국에서 대학을 다녔든, 아니면 고등학교만 졸업했든 상관이 없다. 본인이 취득한 HSK 등급이 있으면 학점으로 인정이 된다. 편입 이후 반드시 전 과목을 모두 이수해야 학위를 받을 수 있다. 일반적으로 중국어, 중국 문화, 역사에 관련된 과목을 외국인들을 위해 특별히 준비된 강의로 듣는다. 현대한어과 외 다른 과로는 편입이 불가능하다.

석사 과정

중국의 석사 과정은 3년제이고 논문 통과 후 학위가 나온다. 대부분의 한국 학생들은 석사 과정 입학 전에 보통 진수 과정을 약 1년 동안 수료한 후 입학하기를 선호한다. 입학 자격은 학사 학위 소지자로 HSK 7등급 이상자이고 입학 시기는 매년 9월이다. 서류 접수는 10월 초에서 12월 말이며 신청 서류는 성적증명서, 졸업증명서, HSK 증서,

학습계획서, 논문요약서, 건강진단서, 사진 한 장 등이 필요하다. 시험 절차는 서류 전형 후 필기 시험에 통과되면 면접 시험을 치른다.

보통 진수생

중국어 연수와는 다른 과정으로 본과 수업 청강을 할 수 있는 학생이다. 중국인 학생과 함께 수강할 수 있다. 이 과정은 석사 과정에 입학하려는 학생들이 많이 신청하는 과정이다. 보통 진수 과정은 입학 허가서를 받을지라도, 중국 도착 이후 어학 테스트를 받게 될 수도 있다. 점수가 낮으면 다시 어학 연수 과정으로 입학해야 한다. 입학 시기는 중국 학생과 똑같이 3월, 9월이다. 만일 중국어를 조금이라도 이전에 배운 적이 있다면 일반적인 연수 과정에 입학하기 전에 곧 한번 시도해 보라고 적극적으로 권하고 싶다.

박사 과정

중국의 박사 과정은 보통 3년제이며 논문 통과 후 학위가 나온다. 박사 과정 입학 전에 많은 학생들은 고급 진수 과정을 1년 수료한다. 준비해야 할 서류와 시험 절차 과정은 석사 입학과 똑같다.

고급 진수 과정

박사 과정에 응시하려는 학생과 교환 교수들이 많이 신청하는데 주제를 하나 정하고, 중국인 교수와 일대일로 공부하는 과정이다. 기간은 보통 1개월에서 3개월 정도이다. 고급 진수 과정 또한 보통 진수생

과정처럼 입학허가서를 받았더라도 어학 테스트를 받고 불합격 판정을 받으면 어학 연수 과정으로 들어간다.

한국인들이 많이 가는 중국 대학 학과는?

중국 대학에 입학하려면 희망 전공에 따라 학교를 선택해야 하고, 입학 조건, 신청, 시험 준비 등은 학교마다 다르다. 중국에서는 자신이 전공하려는 과를 먼저 정하고 그 과를 공부하기에 적절한 대학으로 가는 게 현명한 방법이다.

물론 각 방면에 한국 학생들이 모두 있기는 하지만 한국인들이 주로 선호하는 과는 중문과, 중의과, 경제, 법학에 관련된 과다. 경제에 관련된 과인 경우는 국제 무역, 국제 경제, 국제 관계학과이고 중문과는 외국인들을 위해 특별히 설치한 과에서 공부하는 이들이 많다.

무조건 북경대학과 청화대학을 고집하시는 부모님들이 많이 계시는데 중국도 마찬가지로 어떤 전공을 공부하느냐에 따라 어떤 학교에서 공부하는지 결정하는 것이 좋다.

현대한어과의 경우 북경어언문화대학, 수도사범대학, 북경외국어대학, 남개대학, 복단대학, 남경대학, 남경사범대학, 중산대학이 유명하다. 북경대학의 경우는 외국 유학생들을 위한 현대한어과가 아닌 일반 중국 학생들과도 공부하는 중문과이기 때문에(하지만 그 중 외국인들끼리만 듣는 수업도 많다) 특히 더 유명하고 그만큼 공부를 많이 할 각오를 해야 한다.

경제와 무역학과 계열로는 북경대학, 대외경제무역대학, 복단대학이 유명하고, 법학과는 북경대학, 북경사범대학, 인민대학, 복단대학이 수준이 높다. 문학, 사학 등 인문사회학 계열로는 북경대학, 북경사범대학, 인민대학이 명성이 높다(학과별 학교 순위는 뒤에 자세히 열거해 놓았다).

하지만 꼭 한국 학생들이 많이 가는 곳에만 자신의 전공을 국한할 필요는 절대 없다. 여러 나라를 떠돌면서 느끼는 것은 어디를 가도, 어떤 첩첩 산골짜기를 가도 벌써 먼저 발을 내디디고 있는 자랑스러운 한국 사람들이 있다는 것이다. 우리네의 강인한 생존력을 다시 한 번 증명하는 이들이다. 중국 대학에서도 일반적인 학과뿐만 아니라 중국인들조차도 잘 모르는 분야에서 열심히 고군 분투하시는 한국 분들이 많다. 첩첩산중에 있는 소수 민족을 연구하는 이들이나, 그 지역 전체에서 유일하게 농업과를 다니는 한국 학생 등, 멋지게 자신이 하고 싶은 일에 인생을 투자하는 실속 있는 분들이다.

중의과

많은 한국 학생들이 중국에서 선호하는 과가 중국 의학을 전문적으로 배울 수 있는 중의대학이다. 중국의 중의대학은 학제가 본과 5년제에 석사 과정까지 7년제이고 졸업 시에 졸업 시험을 통과해야 한다. 중의과를 졸업하기란 만만치가 않다. 일반적인 중국어뿐만 아니라 잘 쓰지도 않는 중국어까지 공부해야 하니 여간 골치가 아니다. 그래서인지 중간에 포기하는 이들도 많다. 하지만 멋지게 졸업에 성공해서 중국에 중의원을 차린 분들도 있다. 중의과에서 공부하기 전에 알아야 할 것은 중의대 졸업장은 한국에서는 통용되지 않는다는 것이다. 한국에서는 개업이 불가능하지만 국외에서는 가능하다.

여기 유명한 몇몇 대학을 소개하겠다. 학교 신청 기간은 대부분 3월 초에서 6월 사이이고 HSK 6등급 증명서가 있어야 한다. 입학 시험은 중국어, 중의 이론 시험이 있고 매년 6월 중순에 치러진다.

알아 주는 중의대학

북경 중의약대학

중국에서 가장 먼저 설립된 중의대학 중의 하나다. 국가 중점 대학 중의 하나로 기초의학원, 중약학원, 제일임상학원, 성인교육부, 사회과학부, 체육부가 있다.

상해 중의약대학

1956년 설립된 학교로 1983년 WHO에서 '전통의학합작센터', '국제침구연구센터'를 건립할 정도로 명성이 높다. 개설 학과는 중의학(5년제), 중약학, 침구학, 안마, 중의기초이론 학과다. 상해 중의약대학의 경우 침구학이 특히 유명하며, 어학 연수 과정도 개설되어 있다.

표 3-2 일반 중의학과 본과 개설 과정

	주 요 과 정
중의학 (학제 5년)	의학고문, 외국어, 중의학기초, 중의진단학, 중약학, 방침학, 중의고전의학, 중의내과학, 중의임상학, 침구학, 서양의진단학, 서양의내과학
중약학 (학제 4년)	중의학기초, 중약학, 무기화학, 유기화학, 분석화학, 물리화학, 컴퓨터, 약용물리학, 고등수학, 중약화학, 중약검정학, 중약포장학, 중약약리학, 응용식물학
침구학 (학제 5년)	중의학기초, 중약학, 방침학, 중의진단학, 인체해부학, 생리학, 생물화학, 서양의진단학, 서양의내과학, 침구학고전의학, 경락학, 침구학, 치료, 안마학, 실험침구학
중약제약공정학 (학제 4년)	중의학기초, 중약학, 방침학, 물리화학, 중약포장학, 생물화학, 중약약리학, 중약화학, 중성약학, 중약제조공정기술학
공공사업 관리의학 (학제 5년)	중의학기초, 중의임상의학, 중약학개론, 예방의학, 관리개념, 관리심리학, 사회의학, 위생경제학, 의원관리, 컴퓨터응용, 관리통계학, 위생정책 및 입법학, 위생사업관리, 위약위생법
관상관리 (학제 4년)	중의학기초, 중약학개론, 중약제조공정학, 관리학, 의약기업관리, 의약품품질관리, 관리학기초, 관리정보기술, 중약시장경영학, 국제무역학, 기업회계, 통계학
중의간호학 (학제 3년)	중의기초이론, 중약학, 방침학, 침구학, 인체해부학, 생리학, 간호심리학, 간호이론학, 중의간호이론학, 간호학기초, 내과간호학, 외과간호학, 긴급간호학

천진 중의약대학

1958년 창립되었으며, 1992년 국가교육위원회의 비준하에 중국전통 의약국제학원으로 개명했다. 개설 학과는 중의학, 침구학, 중약학, 중의 서양의결합학이 있다. 천진 중의약대학에는 현재 가장 많은 한국 유학생이 공부하고 있으며, 입학이 비교적 용이한 편이다. 또한 교내에 어학 연수 과정까지 개설되어 있어 본과 입학이 좀더 편하다.

남경 중의대학

1955년 설립되었으며 위생부가 지정한 전국 중의사 자격 연수 센터이다. 현재 위생부임상약리센터, 국제침구양성센터, WHO가 확정한 전통의학합작센터 등이 있다. 개설 학과는 중의학, 중의외과학, 중의양생건강회복학, 중약학, 중약제약학, 중약약리학, 침구학, 안마학, 중의간호학이 있다. 남경 중의대학은 중약 방면이 특히 유명하다.

IT 분야

한국 학생들이 중국에서 공부하는 또 다른 분야가 바로 IT 분야이다. 현재 신문에서도 쉽게 접할 수 있는 부분이 한·중 합작 IT 분야 투자나 사업이다. 중국의 여러 대학의 경우는 중국어와 IT를 함께 공부하는 반이 따로 배치되어 있다. 요녕 대학의 경우는 현대(現代)에서 주최하는 학원에서 학생들을 보내 중국어 프로그램과 IT 프로그램을 동시에 배우게 하는 현대반을 설치했다. 중국어를 배우면서 같이 배우기 때문에 힘든 점도 있고 같이 숙박을 해야 하기 때문에 그만큼 중국 현지인들과 접촉이 적기는 하지만 중국에서 중국어만 배우기 아쉬운 사람은 이러한 방법을 찾아보는 것도 어렵지 않다. 오전에는 중국어 수업을 듣고 오후에는 그 곳에서 IT 수업을 듣는다. 학교 내에서 배정해 준 스케줄이 빡빡하기 때문에 시간을 훨씬 효과적으로 활용할 수 있다. 다만 학비가 일반 학생들보다 더 비싸다.

베이징으로 베이징으로

중국인들도 베이징에 사는 것이 꿈인 것처럼 많은 한국 유학생들도 베이징에서 유학 생활을 하기를 희망한다. 특히 베이징은 중국의 수도로서 정치, 경제, 학문의 중심이기 때문에 학교 정보를 얻기에 가장 적절한 장소이고, 명문 대학인 북경대학과 청화대학이 모두 이곳에 위치하고 있다. 베이징에 가면 느껴지지만 실로 학교의 천국이라 할 정도로 각양각색의 학교들이 밀집해 있다. 북경대 옆에 청화대, 조금 더 가면 인민대, 어언 문화대, 중앙민족대가 다 근접해 있다.

하지만 물가가 다른 지역에 비해 몇 배 비싸다는 점을 유의해야 한다. 중국에서의 유학은 별로 돈이 안 들거라는 선입견을 와르르 무너뜨리는 곳이다. 또한 많은 한국인들이 거주하고 있어서 독한 마음을 먹지 않으면 한국인들끼리만 어울려 다녀 결국은 별로 이득을 얻지 못하는 중국 생활을 할 수도 있다. 외국 유학생들을 위한 숙소가 따로 북경대, 청화대, 어언대 부근에 우다오코우(五道口)라고 불리는 한국인들의 집단 거주지에 있다. 부근에도 한국인들을 위한 가게와 식당들이 모여 있다. 한국 학생이나 직장인들을 위한 전문 기숙사도 있다. 베이징에서 공부하는 중국 친구와 밤에 베이징에 도착한 나는 급히 숙소를 구하러 이리저리 뛰어다니다가 그 기숙사를 찾아냈다. 하루 숙박비는 약 200위엔이었다. 한달 기숙사비가 170위엔이라는 친구의 강력한 권유로 친구의 기숙사로 직행하면서, 거리에 한국인과 한국 물품들로 가득찬 이곳이 중국인지 한국인지 헷갈릴 정도였다.

베이징에는 한국 학생들을 받는 학교들이 많고 HSK를 위한 학원이나 정보가 많기 때문에 조기 유학 학생들이 더 선호한다. 특히 각 대학의 경우 외국인 대학 입학 시험이 행해지기(중국 학생들의 대학 고시는 7월, 외국인 학생 대학 고시는 주로 6월에 시행된다) 한두 달 전에 입학 시험 고시반 수업이 열리기 때문에 다른 지역에 있으면 얻을 수 없는 정보를 얻을 수 있다. 북경 회문중학, 북경 사범대학부속중학, 사립회가학교, 55중학(세청중학), 수도사범대학부속중학교, 국제 학교(자세한 정보는 뒤에 부록 알찬 중국 정보 인터넷 홈페이지에서 참조)의 경우는 한국 학생들을 많이 받기로 유명하다. 학비는 일반적으로 한 학기당 1,200달러(중국 돈 약 1만 위엔 이상, 한국 돈 약 150만원) 이상이 넘기 때문에 타 학교보다 배 이상 비싸다. 더군다나 기숙사비와 생활비도 감안한다면 꽤나 비싼 학교들이라 할 수 있다. 조기 유학 생활은 정말 어떻게 활용하느냐에 따라 금덩어리를 얻을 수 있다.

범람하는 가짜 졸업장

현재 한국에서도 문제 삼고 있는 가짜 졸업장이 중국에 많기는 많다. 정말 공부를 안 해서, 졸업을 못해서 가짜 졸업장을 사는 학생들이 있는가 하면 늦게 와서 도저히 졸업장을 사지 않고는 배기지 못해 사는 이들도 있고 가지각색이다. 더군다나 싸게 진짜보다 더 잘 만든 졸업장을 살 수 있으니 그만큼 부담감(?)도 적은가 보다.

문제는 이런 졸업장을 중국 학교 선생님들이 버젓이 도와 준다는 것이다. 그 사람들이 보기에 어차피 졸업은 못하겠고(특히 고등학교 시절에 중국에 온 학생들에게 중국어를 열심히 공부해서 졸업한 후 중국의 일반 대학교를 들어가는 게 쉽지만은 않다), 가짜 졸업장을 만들어 졸업시키면 그네들이 보기에는 쉽게 끝나는 일이기 때문이다. 한국 부모들이 돈은 많아 보이지, 자식들을 위해서는 무엇이라도 할 것 같지, 어차피 목적한 바 있어 중국에 왔는데 이도 저도 못하고는 다시 한국으로 못 돌아가겠지, 일석이조로 돈도 벌 수 있지 하니 별로 죄

책값 없이 만들어 준다. 예전에는 한국 돈으로 몇 십만 원이면 살 수 있었지만, 이제는 그 단가도 세져 100만 원 이상으로 껑충 뛰었다.

하지만 점차 이러한 문제점이 커지니까 요즘 중국 학교에서도 엄격하게 금지하는 분위기로 바뀌고 있다. 중국도 모든 학교 시스템이 전산화되기 때문에 성적도 졸업장도 모두 컴퓨터 작업으로 이루어지기 때문이다. 다행히 가짜 졸업장과 가짜 성적증명서는 점점 사라지고 있는 실정이다.

영원한 외국인

중국에 거주하면서 자녀가 중국 학교에 다니는 어머니 중 한 명이 "중국에 있는 어머니는 기어코 자식을 한국 학교로 보내려고 하는데, 한국에 있는 한국 어머니들은 기어코 자식을 중국 학교로 보내려고 하니 우습지 않니?"라고 웃으며 말하시던 기억이 난다.

그 어머니가 말한 것처럼 중국에 거주하면서 중국 학교에 진학한 자녀의 부모들은 한국 학교의 특례 입학이라던지 중·고등학교 편입으로 다시 자녀들을 보내려고 한다. 그래서 중국의 여러 지역, 특히 베이징, 상하이, 칭다오처럼 한국인들이 많이 거주하는 지역에서는 부모님들이 적극적으로 조직한 한글 학교들을 더러 찾을 수 있다. 자녀들이 한글을 잊어버려서 다시 한국 학교로 돌아가 적응하는데 겪게 될 어려움을 대비해서 세운 학교다. 어머니들이 적극적으로 활동해서 세운 이 학교는 한국어와 국사를 중심으로 공부한다.

"물론 정말 잘 적응해서 잘 다니는 아이들이 있지. 하지만 그런 애들은 정말 특출난 몇몇 안 되는 학생들이지. 우리가 이야기할 때는 일반적인 대다수의 학생들을 이야기해야 하지 않겠니? 오죽하면 이곳 지역에서도 정말 똑똑하다고 하는 한국애가 북경대에 입학해서 갔다가 다시 돌아왔다고 하더라."
"왜요?"
"왜긴… 적응을 못해 서지…."

이 글을 통해서 무슨 젊은 학생들의 야망을 꺾으려는 게 절대 아니다. 현실에 대해서 사전 지식으로 아는 것이 그만큼 충격을 덜 받을 테니까. 그 어머니의 말 중 일리가 있었던 말이 있다.

"십대에는 너 잘한다, 잘한다 격려해도 한창 예민한 때인데 말야. 그 때 중국에 와서 자기 딴에는 한국에서 잘났다고 생각하면서 지냈는데 중국에 와서 아무리 기를 쓰고 해도 중국 애보다 못한다는 강박 관념에 시달려 살아야 한다는게 얼마나 힘들겠니. 그게 그 아이 성장에 얼마나 큰 영향을 끼치겠어. 그러니까 자꾸 한국 애들하고만 어울리고, 진정한 유학 생활인지 뭔지도 구분 못하고, 가게에서 물건 살 수 있으면 중국어 잘 하는 줄 알고, 거기에 만족해서 더 발전할 생각은 안 하고 말이야…."

유학 비용

중국인들을 위한 학비, 외국인들을 위한 학비

어느 타국에서나 마찬가지겠지만 가장 난감할 때가 사람들이 나에게 미국에서 살 때 얼마큼 들어요? 중국에 살면 얼마나 필요해요? 라는 질문을 할 때이다. 물론 그것은 살기 나름이다. 중국이 한국보다 물가가 싼 것은 확실하다. 그러나 유념해야 할 것은 우리는 거기에서 외국인이라는 특권(?) 때문인지 뭐든지 중국인들보다 비싸게 지내야 한다는 거다. 학비는 당연히 몇 배 더 비싸고 심지어 집을 구하거나 물건을 살 때도 '부자 한국인'이라는 얼토당토한 선입견 때문에 중국어를 잘 못하는 경우에는 바가지를 뒤집어 쓸 각오를 해야 한다. 학교 학비는 어느 지역을 가느냐 어떠한 종류의 학교를 다니느냐에 따라 천차만별이다. 우선 평균적인 비용을 열거해 두기는 하겠다. 하지만 절대적인 값어치가 아니라는 것만은 확실히 기억해 두시길….

표 3-3 어학 연수생

학습 기간	9월 1일~1월 20일, 3월 1일~7월 20일
학비	어학연수생 : 약 1,200달러 기숙사비 : 900달러 (1일 약 5달러)
등록비	50~100달러
기숙사 보증금	50달러
학생 1개월 중식비	200위엔
수업 시간	월요일~금요일 (토요일, 일요일은 수업이 없음) 오전 8:00~11:50, 점심 시간 12:00~14:00, 오후 14:00~16:00

문과 계열

문과 계열	등록금
본과 대학생, 언어 연수생, 보통 연수생	1,700~3,200달러
석사 연구생, 고급 연구생	2,200~3,700달러
박사 연구생	2,700~4,200달러

이공, 기타 계열

이, 농, 공, 의, 체육, 예술 계열	등록금
본과 대학생, 언어 연수생, 보통 연수생	1,800~6,400달러
석사 연구생, 고급 연구생	2,500~7,400달러
박사 연구생	2,900~8,400달러

다시 한번 강조! 학비는 각 학교마다 매년 상황에 따라 다르다. 과거 대부분의 학교는 미국 달러를 받기를 선호했기 때문에 우리나라 돈을 달러로 바꾸고 다시 중국 돈으로 바꾸는 번거로움이 있었다. 하지만 현재 많은 학교들이 중국 돈으로 받기도 한다.

학비는 1년 기준이며 학교마다 많은 차이가 나긴 한다. 이외에 등록비가 약 50~100달러 정도하고 기숙사비가 1일당 3~10달러이고 식비도 만만치 않으므로 이러한 부수적인 비용도 감수해야 한다. 식비도 천차만별인데, 중국 음식이 입맛에 맞지 않는 학생들을 위해서 일반 대학에는 유학생들만을 위한 식당이 따로 설치되어 있다. 일반 중국 학생들의 식단 비용보다 더 비싸지만 음식에 중국 특유의 기름을 많이 사용하지 않는다. 중국 음식이 입에 맞지 않아 한국 음식을 선호하게 되면 또 그만큼 배의 돈이 든다.

제 4 장
중국에서 유학 생활 어떻게 하나

중국에 가기 전

떠나기 전에 챙겨야 할 필수품

물론 지금 이렇게 멍청한 사람들은 없겠지만 나만해도 2년 전에 중국 서남 지역에 갈 때 한국에서 모든 것을 바리바리 싸들고 간 경험이 있다. 심지어 샴푸, 생리대까지 사 갔으니 말이다. 중국에 도착한 이후에 나는 내가 정말 바보였음을 실감했다. 정작 필요한 것들은 하나도 안 가지고 온 것을 보고….

아직도 중국이라면 아무것도 없고 척박한 지역이라고 생각하는 이들이 있을지도 모른다. 하지만 모든 것이 한국보다 싸기 때문에 많은 물건들을 사갈 필요가 없다. 하지만 빈손으로 가는 건 왠지 불안하고 중국어도 제대로 안 통하는데 무턱대고 가기 걱정되는 사람들을 위해 필요한 필수품 몇 개를 추려 보았다.

약(藥)

중국에 가서 가장 고생하는 게 음식이다. 음식 종류 많고 가격도 싸서 먹거리는 많지만 기름기 많고 적응 안 된 음식을 먹고 고생하는 학생들을 너무 많이 봤다. 특히 여름이 되면 장염에 걸려서 끔찍할 정도로 고생하는 학생들이 허다하다. 장염에 '장' 자만 들어도 사시나무 떨듯하니…, 겪어 본 사람한테 조의를 표한다. 설사약, 변비약, 위장약, 소화제, 진통제, 감기약, 소독약, 바르는 파스, 일회용 밴드 등에 관련된 약들은 기본적으로 가지고 가라.

날씨도 한국과 틀리기 때문에 기후 차로 감기에 걸리기도 쉽다. 물론 그만큼 중국에도 감기에 관련된 약은 많지만 몸이 조금 약한 사람의 경우는 자신의 몸에 적절한 약을 처방해 가는 것이 좋다. 왜냐하면 중국 감기 약은 정말 독하니까… 먹고 누구는 너무 독해 죽었다는 소문까지도???

속옷

팬티, 양말 등은 충분히 준비를 해 가지고 가는 것이 좋다. 자기 몸에 꼭 맞는 것들을 찾기가 쉽지 않기 때문이다. 특히 여자들의 경우는 더욱 철저히 속옷들을 준비해 가는 것이 좋다.

증명사진

증명사진이 필요한 경우가 의외로 많다. 물론 중국에서도 저렴하게 촬영할 수 있지만(사실 중국에서 한번 찍어 보는 것도 정말 재미있다. 중국이 유난히 빨간 색을 좋아하기는 하지만 증명사진 뒷 배경도 새빨간 색이라고는 상상하지도 못했다. 색다른 기념품이 될 수 있다) 예쁜 증명사진을 원한다면 한국에서 준비를 하는 것이 유용하다.

사전

공부하는 사람들에게 필수품이다. 한중(韓中), 중한(中韓) 사전을 다 사가는 게 좋다. 사전은 돈이 들더라도 좋은 것을 사라고 권장한다.

의복

의복은 그리 권장하고 싶지는 않지만 당장 입어야 할 옷 몇 가지는 꼭 가지고 가는 것도 좋다. 지역에 따라 틀리지만 8~9월은 반팔을, 10~11월은 긴팔을, 12~1월은 점퍼를 입는다.

전기 장판

어느 지역, 어느 계절에 가느냐에 따라 틀리다. 만일 중국 동북부에 가을 이후에 가려면 전기 장판은 필수다. 물론 그 곳에서도 살 수는 있지만 중국 전기 장판은 약간 위험하고 한국 장판처럼 따뜻하지는 않다.

한국 돈

다시 한국으로 돌아올 때를 대비해 한국 돈 몇 만원은 가지고 가는 게 유용하다. 그리고 간혹 가다가 한국 돈이 어떻게 생겼는지 굉장히 보고 싶어하는 중국 친구들도 꽤 있다.

안경, 선글라스

안경이나 선글라스도 개인에 따라 많은 차이가 있겠지만 준비해 가는 것이 좋다. 특히 선글라스는 황사가 많이 이는 봄을 대비하고 강한 햇볕을 피하기 위해서 이왕이면 큼지막한 거 추천하고 싶다

미모에 신경 쓰시는 여성분들을 위한 화장품

중국은 한국보다 훨씬 건조하고 바람이 많이 분다. 중국에 있으면 한국의 금수강산이 정말 그리울 때가 있다. 물론 중국에도 화장품이 많이 있고 그 곳에서 사도 된다. 하지만 명심할 것은 중국은 날씨가 건조하고 바람이 많이 부니까, 물도 한국 물과는 약간은 틀려서 피부에 신경을 꼭 쓰라고 이야기해 주고 싶다.

중국에 도착하고 나서

새로운 땅에 발을 내디딘 만큼 해야 할 일도 많다. 중국에 살면서 내가 직접 꼭 해야 할 일과 알아야 할 일들을, 그리고 중국에 가는 사람들은 누구나가 알아둘 필요가 있는 리스트를 뽑아 보았다.

중국 통장, 현금 카드 만들기

가자마자 즉시 통장을 먼저 개설하는 것이 현찰을 가장 안전하게 보관하고 한국으로부터의 송금을 원활하게 받을 수 있는 방법이다. 왜 이렇게 강조하냐고? 나도 돈을 잃어버린 쓰라린 경험이 있기 때문이다. 막 중국에 온 유학생이 어느 정도 돈이 있다는 것은 당연하다. 학교 기숙사에 잠시 머물렀던 나는 돈을 통장에 넣고 다시 빼 쓰면 귀찮을 거라는 잔머리에 내 딴에는 방에 있는 보온병 뚜껑을 열어서 그 안에 꼭꼭 숨겨 놓았다. 그 누가 알리라 생각했겠는가? 그런데 어느 날 그렇게 문도 잘 잠그고 다니고 했는데 어느새 돈이 감쪽같이 사라지고 말았다. 아는 여학생도 화장대 밑에 숨겨 놓고 잠시 화장실에 갔다 온 사이 학비가 감쪽같이 사라져 버렸다고 했다. 기숙사에 도난 사건은 특히 심하다. 누구를 탓하겠느냐마는 이러다 보면 친구건 뭐건 다 의심이 가고 괜히 자신만 피곤해진다. 더군다나 소매치기도 극성이기 때문에 현금도 웬만하면 많이 가지고 다니지 않는 게 좋다.

그러기 위해서는 가급적이면 학교에서 가까우면서 비교적 규모가 큰 은행을 선택하는 것이 좋다. 중국은 은행의 천국이라 할 수 있다. 도로 하나 건너 은행이 많이 있다. 신분증 하나만 들고 가면 통장을 쉽게 만들 수 있다. 대부분 학교 주변의 은행들은 유학생들에게 익숙해져 있기 때문에 쉽게 처리할 수 있다. 일부 은행에서는 영어로도 상담이 가능하다.

은행에 찾아가서 구비되어 있는 입금 영수증을 찾아 형식에 맞게 기입하면 된다. 물론 모두 중문과 영문이 같이 되어 있고, 전혀 이해 안 되면 그냥 창구에 가서 여권과 입금 영수증을 내밀면 도와 주는 이들이 있다. 통장은 즉석에서 발급이 된다. 이왕이면 인민폐(중국 화폐)와 달러가 동시에 입출금되는 통장(本外幣活期一本通)을 만드는 게 편하다.

통장을 개설할 때 도장은 필요하지 않으며 즉시 현금 카드도 신청할 수 있다. 특히 현재 현금 인출이 가능한 곳이 점차 증가되고 있기 때문에 여러모로 유용하다.

신용 카드는 점차 확산되는 추세이기는 하지만 일반 상점에서는 거의 일반화되어 있지 않아 조금 불편하다. 중국인들은 현금을 좋아한

표 4-1 환율 비교

한국(₩)	중국(元)	미국($)	중국(元)
1,000원	6위엔	1달러	8위엔
10,000원	60위엔	10달러	90위엔
100,000원	600위엔	100달러	800위엔

1달러(미국) → 한화 약 1,200원/2002년 9월 기준

다. 사업상 큰 돈을 다루는 학생들의 경우는 대부분이 다 현금을 이용한다. 맨 처음 중국 가서 이 신용 카드라는 것에 대해 중국 친구들한테 설명하는 데 꽤 애를 먹었다.

송금 받기

학생이 돈을 송금받기 위해서는 한국에 은행을 지정하고 송금 신청서를 작성한다. 송금 신청서에는 송금 신청인 성명, 한국내 주소, 전화번호, 주민등록번호, 수취인 성명, 중국 학교 명칭, 주소, 여권 번호, 통장개설 은행(중국 은행 명), 계좌번호 등을 기입한다. 중국에 먼저 은행을 개설한 이후에 가능하다.

대도시의 경우는 거의 한국 은행이 있기 때문에 송금을 받는 데 그리 어려움을 겪지 않는다. 조선족들이 많이 있는 중국 동북부 지역의 경우는 일반 가게에서 좋은 가격으로 송금을 받아 주는 다리 역할을 해 주는 곳도 있다. 믿을 만한 곳을 정해 정기적으로 한 가게에서 송금 받는 학생들도 많이 있다.

중국 인민폐의 가치는 중국 경제 발전과 더불어 특히 증가하는 추

세다. 인민폐의 액면가는 100위엔, 50위엔, 10위엔, 5위엔, 2위엔, 1위엔, 5마오(毛), 2마오, 1마오이다. 100위엔이 가장 큰 현금인데 약 6위엔이 한국의 1,000원 돈에 해당한다. 6위엔 돈으로 무얼할 수 있냐구? 밥 한끼는 거뜬히 때운다(물론 어떤 거를 먹느냐에 따라 다르지만…). 1위엔이면 버스를 탈 수 있고 맛있는 아이스크림 하나 사 먹을 수 있다. 맥도날드에서 치즈 햄버거 세트 하나 사 먹으면 약 18~20위엔이고 냉면 한 그릇은 약 2~3위엔 정도한다. 중국에서 살면 정말 어떻게 사느냐에 따라 돈 쓰임이 엄청나게 차이가 난다는 것을 절실히 느낄 수 있다.

중국에서의 흥미로운 장면 중에 하나가 어느 가게를 가건 100위엔(가장 큰 현금 액수)이나 50위엔짜리를 내면 모두 돈을 흔들어 보고 여기저기 살피고 꼬깃꼬깃 구겨 본다. 이유인즉슨, 지폐가 가짜인지 진짜인지 확인하려고 그러는 거다. 처음엔 저렇게 하면 어떻게 확인이 되나 라는 생각이 들었는데 나도 살면서 여러 번의 경험 끝에 확인할 수 있었다. 중국에는 위조 지폐가 굉장히 많다.

특히 택시에서 급히 내릴 때나 일반 소형 가게에서는 자칫 방심하면 위조 지폐를 건네 받을 수 있다. 돈을 거슬러 받거나 할 때 중국 사람들처럼 전문적으로 구분하기는 힘들어도 적어도 앞뒤를 살펴보는 것이 좋다.

또 한 가지 유의해야 할 점은 외국 사람인 걸 알면 일반적인 가게에서도 찢어졌거나 반으로 동강나서 테이프를 부쳐 놓은 지폐를 주기도 하는데 받지 않는 게 좋다. 대부분의 가게나 식당에서는 그런 돈을 못

쓴다고 잘 받지 않는다. 결국은 쓰레기통밖에 갈 때가 없다.

거류증 신청하기

외국인으로서 중국에 합법적으로 살고 있다는 걸 증명하는 '증서'가 바로 초록색의 거류증(外國人居留證)이다. X비자(학생 비자)를 취득하고 중국에 도착한 학생은 보통 일주일에서 한 달 이내에 해당 공안국을 방문하여 거류증 등록을 해야 한다. 하루 초과시 벌금은 1일 500위엔이다. L비자(관광 비자)를 신청하고 여행을 했더라도 학생 신분으로 비자를 바꿀 경우 공안국에 가서 거류증을 신청해야 한다. 수속에는 신체검사표, JW202표[4], 입학허가서, 여권, 사진, 신청비(인민폐 약 200위엔 정도. 거류증 신청비는 지역마다 약간의 차이가 있다)가 필요하다.

첫째, 학교 외국 유학생 담당처에서 거류증 발급 동의서를 받는다
둘째, 각 도시 공안국 외국인 관리처에 거류증을 신청한다. 구비해야 할 서류는 학교추천서, 검증된 건강진단서, 입학허가서, JW202표, 약 200위엔 정도다. 기간은 일주일 정도 걸리는데 거류증을 만든 이후 귀국 시에 공항에 반드시 거류증을 지참하고 나와야 한다. 공항 수속

---

4) JW202 : 외국 유학생이 중국에 비자를 신청하기 위해 제출해야 하는 서류. 단기 어학 연수는 크게 중요하지 않지만 장기 어학 연수이거나 학교에 입학할 경우 학생용 장기 비자를 받아야 한다. 비자 신청 때 꼭 필요한 서류 중 하나다. 지원 학교에 구비 서류를 보내면 그 학교에서 입학을 허가할 경우 각 개인에게 JW202를 보낸다. JW202를 받은 다음 대사관에 가서 학생 비자를 신청하면 쉽게 비자를 발급 받을 수 있다.

시에 거류증을 제출해야 하기 때문이다.

전자 제품

중국의 전압은 220~240V를 사용한다. 일정한 전압이 아니므로 겨울철 전기 담요나 일제나 미제 전기품을 사용할 때 특히 주의해야 한다. 겉보기에 110V처럼 보이지만 사용하면 그 순간 후회하게 될 일이 생긴다.

자전거

중국에서 자전거가 있으면 여러모로 편하기는 하다. 자전거는 중국인의 가장 일반적인 교통 수단이기 때문에 어디에서건 쉽게 살 수 있다. 나같이 균형 감각이 없는 사람은 무서워서 대로변에서 자전거를 타고 다니지는 못했지만 중국인들과 같이 섞여서 학교 통학하는 것도 정말 재미있다. 추운 겨울날 대로변에 얼음이 깔려서 꽈당꽈당 넘어져도 기어코 자전거를 타고 다니는 이들이 중국 사람이다. 자전거와 같이 넘어지면서 몇 미터 쫙 슬라이딩을 해도 안타깝게 옆에서 쳐다보는 이는 나뿐이다.

자전거를 구입할 때는 웬만하면 중고 자전거를 사고 잃어버릴 각오를 하고 타고 다니는 것이 좋다. 한 달 사이에만 해도 중국 친구 둘이 눈앞에서 자전거를 잃어버리는 것을 봤다. 새 자전거를 구입했을 경우에는 그 지역 공안국에 신고하여 자전거 번호를 받아야 한다. 그렇지 않으면 도난 물품으로 오해받기 쉽다.

전화

중국 내에서 전화하는 방법은 일반 가정 전화를 이용하는 방법과 전화 카드를 이용하는 방법이 있다. 전화 카드는 200/201카드, IC카드, IP카드 세 가지 종류가 있다.

- 200/201카드는 구내 통화만 가능한 전화기로 시내 혹은 시외로 사용할 수 있다. 유학생 기숙사 내의 전화는 일반적으로 수신만 가능하고 발신은 할 수 없는데, 이 경우 200/201카드를 이용하면 편하다.
- IC카드는 한국의 공중전화 카드와 비슷한 것으로 이 카드로 거리에 있는 IC카드 전용 공중전화를 사용할 수 있다.
- IP카드는 1998년 말부터 본격적으로 사용되기 시작해서 지금은 상당수의 중국인들이 시외 전화와 국제 전화를 저렴하게 하기 위해 이 카드를 사용한다. 현재 중국에서는 17910(중국 연통)과 17930(중국 망통)이 가장 많이 쓰이는데 중국에서 한국으로의 요금은 17910의 경우, 분당 4.8위엔(약 650원)이고 19730은 분당 3.5위엔(약 500원)이다.
  - IP카드 사용 방법은 먼저 17930 혹은 17910을 누르면 '普通話服務請按一'(중국어 서비스는 1번을)이라는 소리가 나오는데 그럼 1을 누르고 카드 번호와 비밀번호를 연속으로 누른 후 우물정(#)자를 누르면 전화하려는 상대방의 전화번호로 전화를 걸 수 있다.
    예) 17910 ⇒ 1 ⇒ 카드 번호 ⇒ 비밀번호 # ⇒ 82(국가 번호) ⇒ 2(서울) ⇒ 1234567 #
  - IP카드를 사용 시 불편할 점은 일반 가정용 전화기로는 바로 연결이

가능하지만 발신이 안 되는 구내 전화를 이용할 경우에는 먼저 200/201카드를 이용해서 발신이 가능하게 한 다음에 연결을 시도해야 한다. 가격도 만만치 않다.

• 수신자 부담을 이용해서 한국으로 전화하기

1. 데이콤 : 108-828-한국 교환

데이콤 카드 이용 시 : 108-828 ⇒ 카드 번호# ⇒ 지역번호[앞의 0번을 제외한 지역 번호]+전화번호# ⇒ 통화

한국통신 : 108-820-한국 교환

온세통신 : 108827-한국 교환

2. 직통으로 전화 걸기(한국으로)

00(국제 인식 번호)-82(한국의 국가 번호)-0을 제외한 지역 번호-걸고자 하는 곳의 전화번호 순으로 누르면 된다. 예를 들어 서울의 전화번호 123-4567로 걸려고 한다면 00-82-2-123-4567을 누르면 된다.

급할 경우 전화를 하기에는 좋지만 3분당 5천원 가격이어서 가격을 만만히 보았다가는 큰일난다.

우체국

우체국은 보통 오전 8시부터 오후 5시까지 근무하며, 한국에서 중국까지 일반 우편은 2주일, 특급 우편은 일주일 정도 소요된다. 보내는 방법은 항공편이나 택배, 선박을 이용하는 세 가지 방법이 있다. 나

중에 한국으로 귀국하거나 짐이 많을 경우는 선박으로 부치는 게 가장 저렴하다. 약 20일에서 2개월 정도 걸리며 가격은 천차만별이다.

항공편은 베이징에서 서울까지 4~5일. 단, EMS(겉봉에 EMS라고 쓴다. 항공편)로 보내면 2~3일 안에 도착한다. 중국 내륙 간은 5~7일 정도 소요된다. 참! 명심할 것은 중국 우체국은 직접 소포 안의 물건을 검사하므로 포장할 때 접착 테이프를 다 붙이지 말고 한 부분을 열어 놓고 가는 게 좋다.

최근에는 DHL을 이용할 수도 있다. 하지만 베이징이나 상하이, 광저우 등의 대도시에서만 가능하다.

*베이징에서는 공인체육관 북쪽 화하빈관(華夏賓館)이라는 지역에 위치한 지점(전화 10)466-2211)에서 이용할 수 있다. 영업 시간은 08:30~17:30(월~토). 상하이 사무소 전화 021)376-2454. 광저우 사무소 전화 020)335-5034.

중국에서 여권을 잃어버리면?

가능한 한 빨리 한국 대사관이나 영사관에 신고하여 재발급 절차를 밟는다. 재발급에 필요한 서류는 여권 번호, 발행 연월일, 여권용 사진 두 장, 현지 공안국에서 발행한 여권분실증명서 등이다. 따라서 여행을 떠나기 전에 여권 발행 번호와 발행 연월일을 미리 수첩에 메모해 두거나 여권 맨 앞장을 복사하여, 사진 두 장과 함께 따로 보관해 두는 것이 좋다. 여권 재발급에는 보통 1개월 정도가 걸리고, 비용은 인지

대로 약 60달러가 필요하다.

여행을 다니면서 기차에 있거나 할 때 가끔 가다가 공안(중국 경찰)이 와서 신분증 검사를 하기도 한다. 가까운 곳에 여행을 가거나 할 때는 항상 여권을 가지고 다니기에 불안하기는 하다. 특히 외국인 여권은 굉장히 인기가 많아서 잃어버리기 쉽다. 여권 크기도 만만치 않아서 내 친구 중에 한 명은 단기간 여행을 갈 때는 한국 주민등록증을 가지고 다니기도 한다. 난 한번도 사용해 본 적은 없지만 주민등록증을 보면 쉽게 넘어간다는 것이다.

일시 귀국 시 유의 사항

X비자(학생 비자)를 소지한 학생이 방학이나 개인 사정으로 잠깐 귀국할 경우, 또는 제3국에 갈 경우에는 반드시 거류증, 여권, 재학증명서를 가지고 공안국에 가서 재입국 허가를 받아 둬야 하며, 그렇지 않고 귀국했을 경우에는 다시 중국에 입국할 때 새로 비자를 받아야 한다. 중국에서 잠시 홍콩을 여행을 할 경우에도 재입국 비자가 필요하다. 거류증을 만든 이는 거류증을 휴대하지 않고 출국하면 벌금을 물기도 하므로 반드시 거류증을 휴대해야 한다.

기숙사 밖에 나가 살 때 필요한 절차

중국에서 기숙사 밖에 나가 살려면 복잡한 단계를 거쳐야 한다.

먼저 학교에 밖에 나가 산다는 통보를 해야 한다. 그러면 학교에서 몇 가지 서류를 요청하는데 밖에 나가 사려는 이유까지 적어야 한다.

내 경우는 중국어 향상을 목적으로 한국인이 많은 기숙사를 피해서 밖에 나가 살려고 한다고 썼다. 외국인 기숙사에는 도난 사건이 많이 일어나 중국인들이나 외부인들의 출입을 철저히 금지하기 때문이다. 심지어 내가 있던 대학에서는 냉장고까지 사라졌다. 가장 기이한 미스테리 중의 하나로 남아 있다.

물론 이러한 모든 절차는 집을 구해 놓고 해야 한다. 중국 거리에선 복덕방을 흔히 찾을 수 있다. 복덕방에 가 보면 예전 학교 교실에 있던 흑칠판이 밖에 진열되어 있어 그 위에 나온 방을 빼곡이 적어 놓았다. 집의 시설이 어떻게 되어 있는지, 몇 층에 있는지에 따라 가격이 다양하다. 복덕방에 가서 돈(약 20~50위엔)을 주면 마음에 드는 방이 나올 때까지 복덕방 주인이 소개해 준다. 방은 많으니까 섣불리 결정할 필요가 없다. 여러 군데를 꼼꼼이 살펴본 후에 결정하는 것이 좋다. 너무 낮은 층은 냄새가 나고 시끄럽고 벌레도 많이 껴서 좋지 않고, 너무 높은 층은 여름에 덥고 겨울에 춥고 오르락내리락하기 힘들기 때문에 중간층이 가장 적절하다.

한국인들에게 집을 구할 때 가장 먼저 짚고 넘어가야 할 것이 화장실이다. 첫째, 변기 스타일인데 한국의 집들은 대부분이 양변기이지만 중국에는 아직도 예전 스타일이 남아 있는 집들이 많이 있다. 변기 스타일이 어떤 것인가 하는 문제보다 더 심각한 문제는 고약한 냄새가 올라오기도 한다는 것이다. 중국과 한국의 가장 뚜렷한 문화 차이가 화장실이 아닐까 싶을 정도로 사용하는 방식에 있어서 많이 다르다. 집을 고를 때 변기 스타일이라든지 샤워 시설이 제대로 갖추어져 있는지, 뜨거운 물은 제대로 나오는지는 꼭! 꼭! 체크해야 한다. 복덕방 주인들도 한국 사람들의 깐깐한 화장실 고르기에 제일 지쳐 한다.

집을 구한 이후 학교의 서류를 다 작성하고 공안국에 가서 신고를 해야 한다. 그러면 공안국 신고서 서류와 함께 집 주인과 같이 그 지역 파출소에 가서 또 신고를 해야 한다. 파출소에서 주는 서류를 들고 가서 다시 담당 지역 경찰국에 가서 신고를 하면 그 쪽 담당자가 와서 집안을 검색한다. 이유인즉슨 정말 신고자가 사나? 아니면 다른 인간이 있나? 라는 형식적 절차이다. 집을 쭉 둘러보고 난 후 승인이 떨어지면(그렇다고 엄격한 감시나 검사가 있는 것은 아니다) 그 때부터 밖에 나와 살 수 있는 정식 자격이 되는 것이다. 보통 계약은 4개월 이상 하는데 당연히 방 주인은 6개월이나 1년 단위로 계약하기를 원한다. 그럴 경우에는 방 주인이 부르는 가격보다 최대한 많이 깎으려고 노력해야 한다. 그리고 너무 장기간 계약을 하지 않는 것이 좋다. 집에 문제가 생기거나 다른 지역으로 이동할 만한 만일의 사태에 대비하는 것이 현명하다.

앗! 또 잊지 말아야 할 것은 방을 구할 때에 집에 모든 잡동사니들이 다 갖추어져 있나 살펴보아야 한다. 침대, 책상, 의자, 식탁, 옷장, 세탁기 등이 갖추어져 있지 않으면 갖다 달라고 요구해야 한다. 물론 너무 싼 집이면 모든 걸 갖추어 달라고 요구하기는 무리지만 중국 집은 갖추어진 집을 구하는 게 정상이다. 계약을 할 때도 계약서를 꼼꼼히 다 살펴보고(한자를 잘 모르더라도 방주인과 복덕방 주인 앞에서 열심히 보는 척이라도 해야 한다), 화장실 물이 새는가, 부엌은 어떤가 모두 살펴보는 것이 좋다.

후다오(중국 가정교사)

중국에서 후다오(輔導)를 얻으려면 여러 가지 방법이 있다. 물론 공부하는 방향이 어떠한가에 따라 신중하게 구하는 것이 중요하다. 언어 연수로 중국어를 배우고자 하는 목적으로 온 학생이면 학교에서 지나가는 학생들에게 가정교사가 되달라고 부탁해도 그네들도 흔쾌히 들어 준다. 이왕이면 대학생들보다 대학원생들을 권하고 싶다. 대학원 중에서도 중문과를 나온 사람이 최적이다. 남자도 좋지만, 여자가 발음이 더 깨끗한 경향이 있다. 중국 대학의 경우는 그 지방 사투리 발음에 강하게 남아 있는 이들을 많이 만날 수 있는데 그들이 다 표준화 발음을 한다고 해도 이야기하는 걸 가만히 들어보면 그 지방 사투리가 간혹 튀어나온다. 중국어 초기 단계에서는 잘 구분이 안 되기 때문에 그대로 답습할 위험이 있다. 그러니까 어느 지방 출신인지 물어보는 것이 좋으며, 남부 지역보다 동북부 지역의 중국어 발음이 좋다.

또 한 가지 방법은 학교나 그 주변 거리를 거닐다 보면 젊은이들이 조그마한 종이를 들고 일렬로 서 있는 장면을 많이 볼 수 있다. 맨 처음에 뭔지 모르고 어리둥절해 했는데 알고 보니 지아찌아오(家敎)라고 하여 가정 교사 자리를 구하는 대학생들이었다. 이런 학생들한테 가서 물어보는 것도 좋다. 대부분이 수학, 영어를 가르친다고 자신을 소개한 학생들이지만 중국어를 공부하려 한다고 하면, 특히 외국학생이 물어보면 호기심에서인지 대부분이 하려고 한다. 하지만 유의할 것은 한 가정교사와 3개월 이상은 하지 않는 것이 좋다. 그네들과 같이 오래 이야기하다 보면 상대방의 발음에 익숙해져서 발음이 정확하지 않아도 다 알아듣기 때문에 발음 향상에는 그리 도움이 되지 못한다.

가격은 대학생의 경우는 한 시간당 10~15위엔 정도이고 대학원생의 경우는 15~20위엔 정도이다. 만일 HSK를 공부하려거든 대학원생들과 20위엔 정도를 주고 하면 충분하다. 약간 돈이 넉넉한 학생은 학교 선생님들과 과외 공부를 따로 하는 이들도 있다. 하지만 가격이 이보다 두세 배 이상 비싸다는 것은 각오해야 한다.

중국어에 대한 기초 지식조차 없는 이들은 조선족들을 구해서 많이 공부하기도 한다. 하지만 조선족들과도 3개월 이상은 하지 않는 게 좋다. 아무리 말이 통하지 않더라도 중국인들과 공부하면서 손짓발짓하다보면 시간이 더 오래 걸리더라도 배우는 것도 더 확실히 많고, 외국어는 그러면서 배우는 거다.

후다오 가격을 아끼기 원한다면 한국어를 공부하고자 하는 중국 학생들(십대에서 이십대 사이에 한국어를 배우기 원하는 중국 학생들을 찾는 건 한류 바람 때문인지 그리 어렵지 않다)을 찾아 서로 같이 공부하다 보면 정해진 시간만이 아닌 친구 관계로 발전할 수 있다. 이렇게 서로 친해지면 다른 중국 친구들을 소개시켜 주기도 한다. 그러면 자연히 중국 친구들과 어울려 다닐 수 있다. 중국어 수업을 듣는데 후다오를 꼭 구해야 하나? 라는 의문점이 생길 수 있다. 하지만 후다오는 약 몇 개월간이라도 하는 게 바람직하다고 생각한다. 중국어 발음을 일대일로 연습하면 빨리 정확하게 습득할 수 있다. 한국에서 중국어

▲ 거리에 지아찌아오(家教)라고 쓴 종이를 들고 아르바이트 자리를 구하는 대학생들.

개인 과외는 시간당 2만원 이상이라는 걸 생각하면 이런 황금 같은 기회를 놓치지 않는 게 당연지사다.

중국에서의 유혹

어느 곳에서건 유혹이란 있기 마련이다. 중국에서 편하게 지내기는 참 쉽다. 모든 게 한국에 비해서 싸다. 택시 가격도 한국의 3분의 1밖에 들지 않는다. 별로 멀지 않은 가게에 가도 택시를 타고 가는 게 버릇이 된 사람이 많다. 음식 가격도 싸고(그래서 어느 날 자고 일어나 보니 몸이 공이 되어 있었다고 한탄하는 한국 여학생들의 고민을 많이 들었다) 노래방도 싸고 나이트도 싸고 룸살롱도 싸다. 중국으로 출장 가는 남편들을 불안해 하는 한국 아주머니들이 이해가 간다.

젊은 학생들도 피부로 느낄 정도로 한국에서 노는 것보다 훨씬 싸니 그만큼 놀기도 편하다. 한국에서는 술을 한 번 먹을 수 있는 것도 중국에서는 두세 번 마실 수 있고 룸쌀롱에서 여자랑 노는 것도 엄청 비싼 한국에 비해서는 껌값이다.

이러니 공부하는 학생들이 잘못 빠지면 헤어 나오기 힘들다. 외국에서 공부하다 보면 스트레스도 많이 받고 한국 학생들끼리 어울리다 보면 술과 가무를 즐기는 한국 문화를 위한 최적의 장소이니 그만큼 유혹에 빠지기가 쉽다.

또 한 가지 청소년들이 쉽게 빠지는 장소가 PC방이다. 하루 종일 PC방에서 죽치고 앉아 있는 학생들이 정말 많다. 수업도 빼먹고 친구들끼리 만나는 장소도, 수다떨고 과자 먹는 장소도 PC방이다. 이메일을 체크하러 가거나 컴퓨터를 사용하러 가기는 가야 하지만 별로 놀 장소가 마땅하지 않는 중국에서 PC방은 한국 젊은이들을 위한 도피처 같다. 중국에 있는 한국 부모들도 자녀들이 PC방에 너무 자주 가니까 그것 때문에 참 골치 아파한다.

일주일마다 룸살롱으로 직행하는 어린 친구도 봤다. 좋지 않은 약도 구입하기가 어렵지 않다. 물론 어디에 내 놓건 할 사람은 하고 안 하는 사람은 안 하기는 하지만 그만큼 쉽게 손에 잡을 수 있으니 굳은 각오와 절제가 필요하다.

중국 가정부

좀 여유가 있고 편히 살기를 원하는 학생, 특히 중국 음식이 입맛에 맞지 않는 남학생의 경우는 여럿이서 집을 빌려 같이 살면서 가정부를 쓰기도 한다. 보통 조선족 가정부를 구하기 때문에 중국에서도 한국 음식을 끼니때마다 먹을 수 있다. 한 달에 약 800~1,000위엔(13~17만원)이고 청소, 매끼니 식사를 챙겨 준다. 물론 대부분의 유학생들은 이렇게 생활은 하지 않지만 까다롭고 음식 적응 안 되는 이들은 이렇게도 살고 있다.

북경에 있는 학교의 경우는 한국 학생이 워낙 많기 때문에 끼니때마다 밥을 해 주어 날라 주는 조선족 아줌마들이 있다. 주로 아침은 아니지만 점심, 저녁을 기숙사까지 날라 주기도 한다. 한 달에 약 800위엔 정도 주면 반찬거리를 사서 가정식 백반을 해 준다.

중국에서 챙길 것들

중국에 간 만큼 중국에서 챙길 것도 챙겨 와야 뽕을 뽑는 기분이 들지! 가장 권장하고 싶은 것은 중국 서점을 많이 돌아 다녀 책을 많이 사라는 것이다. 중국의 책값은 우리나라보다 훨씬 싸다. 만일 1년이나 단기 연수를 간 사람의 경우나 한국에 돌아와서도 계속 중국어를 공부하거나 HSK 시험을 보려거든 중국에서 책을 많이 사오는 게 현명한 방법이다. 우리나라 책값의 3분의 1 가격이고 많은 다양한 종류의 책을 사서 볼 수 있다.

   음악 CD나 비디오 CD도 가서 많이 사오는 것을 빼먹으면 안 된다. 중국의 음반 가게를 여러 군데 돌아다니다 보면 다른 데서는 잘 찾지 못하는 신기한 음악들이 많이 있다. WTO에 가입하고 나서는 법이 엄격해지고 해서 이전보다 가격이 비싸지긴 했지만 한국 CD나 VCD에 비해서는 여전히 싸다.

중국에서 가장 무서운 곳: 공안국(公安局)

중국의 공안국은 우리나라의 경찰서에 해당하는데 공안국이라면 나는 새도 떨어뜨린다고 할 정도로 위세가 당당하다. 모든 외국인들에 대한 절차를 공안국에서 떠맡아서 하는데, 중국에서는 자기도 모르는 새에 벌금을 물기가 쉽다. 비자 날짜가 하루만 지나도 벌금, 거류증에 말썽이 생겨도 벌금, 일시 귀국했다 다시 들어가서 신고 안 해도 벌금, 울며 겨자 먹기로 이런 벌금에 한두 번 당한 한국 사람이 정말 많다.

그래서 그런지 괜히 나도 공안국에 가서 비자를 바꾸거나 무슨 신고를 해서 돈을 달라고 하면 괜시리 찝찝하고 생돈 뺏기는 것 같고 그네들이 곱게 보이지 않았다. 또 벌금도 외국인에게는 장난이 아니게 많다.

거류증 며칠 신고 안 해서 몇 천 위엔을 날린 학생들도 많이 있다. 더군다나 우스운 게 이렇게 벌금 문제가 생길 때 울며불며 공안국 경찰에게 매달리면 또 벌금마저 깎을 수 있는 게 중국이다. (모든지 깎는 게 가능한 나라가 중국!)

우스운 소리로 중국인들도 뒤에서는 부패한 공안국하면서 욕하지만, 앞에 가면 죽어라 고개 숙일 수밖에 없는 상황이다. 하여간 공안국에 밉보이는 짓은 하지 않는 게 상책이다.

중국 학교에 입학하기 위한 절차

조기 유학생 구비 서류
1. 여권 수속(부모가 직접 시청 혹은 도청에 신청)
   1) 부모의 도장+신분증
   2) 주민등록등본 1통
   3) 자녀 도장
   4) 자녀의 여권용 사진 3장(규격은 4*5)
   5) 인지대-복수 여권 4만 원
2. 최종 학력 졸업(재학)증명서 원본+번역본(영문 혹은 중문) 1부
3. 최종 학력 성적증명서 원본+번역본(영문 혹은 중문) 1부

   출신 학교의 성적증명서와, 졸업증명서는 영문으로 작성되어야 한다. 영문 발급이 어려울 경우 번역본을 국제합동법률 사무소에서 공증을 받아 제출하는 방법이 있다. 성적증명서의 경우 반드시 전 학년의 성적이 기재된 증명서라야 유효하다.

4. 사진 4장(3*4 이상-여권용 사진을 사용해도 무방하다)

5. 중국 현지 보증인의 인적 사항(주소, 연락처, 이름, 생년월일)+보증인의 신분증 복사본

    *보증인이 될 수 있는 사람

    중국에 거주하는 중국 공민(만 18세 이상)/ 중국에 장기 체류하는 유학생으로 거류증을 소지한 자(만 18세 이상)

6. 부모가 모든 것을 책임진다는 후견인 보증서

    (보증서 양식이 별도로 있다)

7. 신체검사서

중국에 공부하러 오는 외국인 학생들은 건강에 이상이 없는지 확인하기 위하여 중국에 오기 전에 정밀한 건강 진단을 받아야만 한다. 질병에 걸린 것으로 확인된 사람은 언제라도 학교로부터 퇴학 처분을 받고, 즉시 자비로 중국을 떠나도록 요구받는다. 대학부속병원급 병원, 종합병원, 국·공립병원에서 발행한 신체검사서를 제출해야 하고 신체검사서는 반드시 중문, 혹은 영문으로 작성되어 있어야 한다. 검사서에는 학생의 인적 사항과 사진이 있어야 하고 AIDS 검사는 반드시 되어 있어야 한다.

• 주의 사항

대학 부속 병원급 병원, 종합병원, 국·공립병원이라고 아무데서나 하면 절대 큰일난다. 멋도 모르고 이렇게 해 간 학생들 중 중국 가서 울며겨자 먹기로 다시 비싼 돈 내고 신체 검사를 받는 이들이 정말 많다. 국

립 병원이어도 꼭 중국에서 신체검사서를 활용할 수 있는지, 중문, 영문으로 작성할 수 있는지를 확인해야 한다. 검사 비용은 약 6만원 가량하고 사진 두 장과 신분증을 지참해야 한다. 여섯 시간 이전부터 금식을 해야지 검사를 받을 수 있다.

- **하나로 병원**

  1호선 지하철 종각 역에서 내리면 피자헛 방향 골목길로 들어가서 시애틀의 베스트 커피 맞은편 하나로 건물에 있는 병원. 영어, 중국어로 진단서를 만들 수 있다.

- **백병원**

  2·3호선 을지로 3가역에서 내려 12번 출구로 나오면 영락 교회 정문을 지나 인당관 3층에 있다.

절차는 어떻게?

중국 대학을 목표로 중국으로 유학 가려는 학생들은 고교 1년 전에 가는 것이 바람직하다. (물론 절대적인 조건은 아니다.) 일찍 가면 그만큼 중국 학생들과 같이 공부하면서 중국 교육 체계와 문화를 이해할 수 있는 기회가 더 크기 때문이다. 물론 초등학생 때 보내면 그만큼 금방 적응하겠지만 한정된 사립 학교에서만 비자가 나온다는 사실에 유념해야 한다.

어떤 전문가의 이야기에 따르면 중국은 9월에 학년이 시작되는 특성을 살려 3월에 자녀를 보내 약 6개월간의 적응 기간과 중국어 학습 기간을 가진 이후에 학년반에 적응해서 공부하는 방법을 권장하고 있다. 일리가 있는 말이다. 외국인들을 위한 외국인반에 들어가든지 중국인들과 같이 공부하는 학년반에 들어가든지는 결국 당사자가 결정하는 것이다. 끝까지 일반 중국 학년반에서 버티는 한국 학생도 보았고 결국은 외국인반으로 옮겨가서 공부하는 학생들도 보았다.

중국 학교에 입학하려면 먼저 어느 학교가 유학생을 받는지 비자를 주는지를 확인해야 한다. 국제 학교와 대부분의 사립 학교, 외국어 학교에서는 가능하지만 공립 학교에서는 아직 엄격하게 규제하는 곳이 있다. 이러한 번거로움을 덜기 위해서 대부분의 부모님들은 한국 학생들이 많이 가는 대표적인 학교들을 많이 선호한다.

한 가지 명심해야 할 것은 조기 유학의 경우는 후견인이 필요하다. 후견인은 중국 내에 있는 사람이어야 하며 못 찾을 경우는 유학원의 도움을 빌리기도 한다. 위에 열거한 입학신청서, 성적증명서, 추천서, 건강진단서, 졸업생의 경우 졸업증명서 서류를 준비하여 중국의 진학 희망 학교로 보낸다. 그리고 나서 해당 학교로부터 입학 허가서를 받은 뒤 비자 수속을 밟으면 된다.

일반 학생 구비 서류

고등학교 졸업 이후나, 대학 재학 중이거나, 대학 졸업 후, 중국으로 유학을 가는 사람의 경우는 조기 유학생들과 준비해야 할 서류가 약간 틀리다.

1. **여권**

2. 신체검사서

3. 성적증명서, 졸업증명서(학위증명서) -언어 연수생 무관

4. 추천서(출신 학교의 담당 교수 또는 부교수)-언어 연수생 무관

신청 학생을 판단하기 위한 자료로 활용할 수 있는 출신 학교 부교수 혹은 정교수의 추천서로서, 고졸자의 경우에는 교감이나 학교장의 추천서를 제출하는 것이 입학 허가를 받는 데 유리하다. 특수 전공자의 경우는 전문 분야의 작품이나 논문을 동봉해 가면 더욱 유리하다. 예를 들어 음악(연주) 전공자는 성악 실황을 녹음한 녹음 테이프나 음악(작곡) 전공자는 본인이 작곡한 작품 악보의 복사본 등이다. 예술을 전공하는 대학원생의 경우 공통적으로 교수의 추천서 제출이 면제된다.

학교는 서류 검토를 통하여 입학을 허가한 학생의 입학허가서, JW202표와 입국에 필요한 서류를 한국으로 보낸다.

5. 비자 신청 및 발급

신청 학교로부터 발급 받은 입학허가서와 JW202표를 가지고 건강진단서, 여권, 비자 발급 신청서 등을 구비하여 중국주한국영사관에 비자 발급을 신청하면 신청 4일 이후에 비자 발급을 받을 수 있다. 중국에 가는 비자를 받기란 그리 어렵지 않다. 근처 여행사로 가도 일주일 만에 쉽게 나온다.

절차는 어떻게?

고등학교를 졸업하고 아니면 대학 도중에 중국 대학을 입학하기를

원하거나 중국어를 배우기를 원하는 사람은 여러 가지 선택 방법이 있다. 지역을 선호할 수도 있고 학교를 선호할 수도 있다. 학교뿐만 아니라 어떤 지역에서 공부하느냐도 중요하다. 도시를 좋아하면 베이징과 상하이를 선택할 수 있고, 중국적인 역사나 문화에 욕심이 나면 윈난(雲南)이나 서북 지역과 같은 중국 외부 지역이 좋다. 발음이 중요하고 사투리를 피하고자 하면 동북 지역이 좋다.

학교 선택도 학교를 선택해 먼저 연락을 취한 후 입학허가서를 받아 한국에서 학생 비자를 받고 가는 방법도 있고, 무작정 가방 매고 여행 비자로 중국에 가서 마음에 드는 학교에 정착해서 학생 비자로 바꾼 후 공부하는 방법도 있다. 그럴 경우는 중국 도착 후 신체 검사를 받아야 하지만 비자를 바꾸는 것이 그렇게 어렵지는 않다.

여행용 비자와 사진 몇 장을 들고 학교에 가면 학교 유학원 사무실에서 서류를 작성해 주고 공안국으로 보내면 비자를 쉽게 바꿀 수 있다. 이럴 경우는 수고비로 약 80위엔을 얹어 주어야 한다. 대부분의 학생들이 학교에 부탁을 한다. 학생증은 학교에서, 거류증은 공안국에서 만들 수 있다. 나 같은 경우도 여행용 비자로 가서 학생 비자로 바꾸었는데 공안국이 어떤 곳인지 궁금하기도 해서 내가 직접 서류를 들고 발로 뛰었다. 덕분에 80위엔도 절약했고 공안국이라는 데도 구경해 봤다.

고등학교를 졸업하고 중국 대학에 입학하러 온 사람들 대부분은 학교에서 1여 년의 연수 과정을 마치고 외국인들을 위한 한어반(漢語班)에 들어가는 경우가 많다.

비자

중국 비자는 두 가지 유형이 있다. 단수와 복수 비자가 있는데 단수 비자는 1회 방문 시에만 유효하며, 한국에 들어왔다가 다음에 중국 땅을 밟을 때 다시 비자를 받아야 한다. 복수 비자는 한 번 비자를 받으면, 유효 기간 동안 몇 번이라도 다시 방문을 할 수 있다.

단수 비자는 세 가지 종류가 있다. 관광용의 **L비자(관광 비자)**, 학술 회의 등에 참가하기 위한 **F비자(방문 비자)**, 유학용의 **X비자(학생 비자)** 등이다. 관광용 L비자는 대사관이나 여행사를 통해서 받는 유효 기간 1개월부터 3개월짜리, 배를 타면서 항구에서 직접 받을 수 있는 유효 기간 1개월 짜리의 선상 비자가 있다.

복수 비자는 유효 기간이 6개월 이상으로, 중국에서 초청을 해서, 중국 현지에 업체를 설립 중이거나 중국 업체에 재직 또는 중국으로 출장을 가는 경우 받을 수 있다.

언어 연수로 1년 내에 공부를 하기를 원하면 여행용 비자를 받아서 중국 학교에서 다시 학생용 비자로 바꿀 수 있다. 여행 갔다가 내친 김에 중국어나 공부하고 오자 싶으면 학교에 직접 찾아가서 상의를 해도 된다. 어학 연수의 경우는 중간에 시작할 수도 있기 때문에 쉽게 기회를 얻을 수 있다. 하지만 이렇게 비자를 바꿀 경우는 공안국에 가서 비자 변경 신청을 해야 하며, 물론 요구하는 만큼 돈을(약 150~250위엔 사이) 주어야 한다. 비자는 신청해서 발급받는데 약 일주일 이상 걸

표 4-2 비자의 구분

(단위 : 1일)

비자 종류	체류 기간	발급 목적	주의 사항
L(관광 비자)	L(30일) L(90일)	여행, 단기 연수를 원한다면 대학에 도착한 후 바꿀 수 있다.	
F(방문 비자)	L-30일/F-90일 F120일/F150일 F-180일		1회 연장 시 최대 F-90일로 발급되며 현지에서 두 번 연장 가능
X(학생 비자)	X-학생 신분이 유지될 때까지	1년 이상 어학 연수, 본과진학 및 연구생, 박사	건강진단서가 첨부되어야만 발급 가능
Z(취업 비자)	360일 -연장 가능	중국 취업	여권, 사진 1장, 취업인증허가서, 초청장, 건강진단서

리기 때문에 되도록 일찍 신청하는 게 좋다. 2~3일 내에 나오게 하려면 따로 급행 수수료를 지불해야 하기 때문이다.

선상 비자의 경우는 당일 부두로 여권과 여권용 사진만 가지고 가서 신청하면 1개월짜리 단수 비자를 받을 수 있다. 도착 지역(다리엔 : 大連), 얜타이(煙台), 칭다오(靑島), 웨이하이(威海)에 따라 틀리지만 약 2,500~4,000원 사이의 가격이다.

권장하고 싶은 중국에서의 공부 방법

나도 외국에서 공부를 한 경력이 짧지 않기 때문에, 더군다나 미국과 중국에서 홀홀 단신으로 지냈던 경험은 나에게 '아! 이런 게 외국 생활이구나' 라는 나름대로의 생존법을 터득하게 해 주었다.

벌써 외국 생활을 시작한 한국 학생들에게 그리고 앞으로 시작할 후배들을 위해서 해 주고 싶은 말이 참 많이 있다. 물론 내 경험이 절대적이고 무조건 따르라고 종용하고 싶지는 않지만 타지 생활을 하는데 어떠한 밑거름은 되리라고 생각한다.

한국인들에게 너무 의지하지 마라

타지 생활을 하려고 외국에 무작정 떨어지고 나면 모든 게 낯설고 무슨 조그마한 일만 당해도 한국 땅에서 똑같은 일을 당하는 것보다 몇 배로 서럽다. 아무것도 모르겠지 무언가를 혼자 하기는 겁이 나지 해서 가장 빠르고 편안한 방법을 찾는다는 것이 이미 그 곳에 적응한 한국인들에게 도움을 받는 것이다.

특히 외국에서 한국인들의 도움을 받으면 참 고맙다. 그리고 한국에서보다 훨씬 빨리 친해지고 정말 가족같이 친밀해진다. 하지만 내가 가장 권장하고 싶지 않은 것이 한국인들에게 너무 무턱대고 의지하지 말라는 것이다. 물론 그렇다고 완전히 단절된 생활을 하라고 강조하는 것은 아니지만 어느 정도 적절한 자기 절제가 있어야 한다는 것이다.

언어 연수나 공부를 하겠다고 대단한 각오를 하고 온 이들도 2~3개월 외국 생활에 지치다 보면 한국인들과 어울리고 타국에서 한국 아닌 작은 한국을 만들어 지낸다. 세끼 밥 같이 지어먹고 동거동락하며 캠핑 온 듯한 착각 속에 정말 1년 이상을 그렇게 즐겁게(?) 지내는 이들이 많이 있다. 그리고 나중에 한국에 들어갈 때가 되면 자신의 유학 생활을 탓한다. 얻은 게 하나도 없다고…. 앞에서는 친하게 지내더라도 떨어지면 서로를 탓하느라고 정신 없다. 한국인들과 어울리는 이들을 보면 참 그렇게 잘도 어울리면서도 불안해 한다. 왜냐하면 한국에서 지내는 것과 별반 다를 바가 없는 것처럼 보이니까 말이다. 오히려 좁은 세계에 있으니 서로 더 많이 부딪치고 그만큼 문제도 많이 생기고 정말 그런 인간 관계에 피곤해하면서도 어쩔 수 없이 그렇게 하루하루를 지낸다. 그러다 보면 나중에 좀 사이를 두고 싶어도 주변 분위기와 의리와 기타 여러 가지 이유로 이도저도 못하고 끌려 다닌다.

맨처음 미국 땅에 떨렁 나 홀로 떨어졌을 때도 겁이 많이 났다. 학교 개강 바로 전에 도착해 방이 없어 겨우 구한 집이 지하방이었다. 바로 앞집 부부(거대한 몸짓의 흑인 부인, 멸치 같이 말랐던 백인 남편)는 매일 싸워 댔고 퍽퍽 하는 소리와 아이의 울음 소리, 돈 벌어오라는 부인의 큰 목소리는 정말 공포 그 자체였다. 지하방인만큼 햇볕도 들지 않아 금방 어두어져서 오후 5시 이후가 되면 아예 나갈 엄두도 내지 못하면서 지냈던 게 몇 달…. 정말 한국 음식, 한국 사람, 한국어가 얼마나 그리웠는지 모른다. 도저히 안되겠다라는 생각에 동분서주해서 집을 구해 옮겼다. 그래도 독한 마음 먹고 한국인이 없는 집을 구하다 보니 100년 가까이 된 2층 집이었고 각국 나라의 아이들이 살고 있었다. 초기에 그 곳에 살면서도 한동한 적응이 안 된 것은 마찬가지였다. 괜히 서럽고 한국인들이 그립기도 했다. 하지만 그 때는 무슨 깡이 있는지 끝까지 버텼다. 처음에는 많이 힘들었고 이렇게 사서 고생할 필요 없다고 느꼈지만 지금은 절대 후회하지 않는다. 어쩔 때는 약간은 자기 착각에 빠져 그 당시의 내 자신이 대견스러워 보이기까지 하다. 타지에서 자신의 생각지도 못했던 강한 면을 발견할 수 있는 좋은 기회를 다른 젊은이들도 놓치지 말았으면 좋겠다.

외국인이라고 꼭 그렇게 티 내지 말자

외국인이라고 정말 꼴사납게 티 내는 이들이 많다. 특히 중국에서 사는 한국인들을 탁 보면 누가 보아도 한국인인지 안다. 중국 물건은 사지 않는다. 대단한 애국심이기는 한데 중국에 살더라도 한국 유행에 뒤떨어지지 않기 위해서 노력하면서 중국인들처럼 보이기를 혐오하는 학생들이 많다. 내가 중국 교육에 관한 책을 쓴다고 하니까 프랑스 친구 중 한 명이 웃으면서 중국 학교에서 한국 학생들의 특징을 꼭 써 달라고 해서 웃었던 적이 있다.

첫째, 큰 소리로 복도에서 거리에서 마구 떠들며 뛰어 다니는 사람은 자세히 살펴볼 필요도 없이 한국 사람이다.

둘째, 한 나절까지 자느라 수업 잘 안 들어오고 오후 무렵 일어나 생기발랄하게 밤을 지새는 이들도 단연 한국 학생이다. 뭐가 그리 매일 즐거운지 매일같이 파티다.

길거리 다니면서 정말 큰소리로 한국어를 떠드는 이들도 많다. (물론 나는 여기서 나쁜 점만 이야기하는 거지 이걸로 중국에서 열심히 공부하는 학생들까지 외도하지 마시길.) 왜 그런지 중국에 사는 한국인들은 자신이 한국인이라는 것을 굉장히 강조하고 싶어하는 경향이 있다. 더 심한 상황은 중국 사람들 면전에서 한국말로 욕을 해대는 것이다. 하지만 주의할 것이 중국에는 한국말을 할 줄 아는 중국인들도 많고 한국말을 이해하는 조선족들도 많다는 것을 유념해야 한다.

중국 음식 먹으면서도 정말 유난히 거부반응을 일으키는 이들이 있다. 물론 평범한 중국 일반 식당은 한국 같은 위생 관념이 없어 중국인들과 음식점을 갈 때 난감한 적이 몇 번 있었다. 같이 먹던 국에서도 머리카락이 나오고 하면 정말 위에서는 막 거부반응이 마구마구 밀려오지만 어쩌랴! 머리카락이 있어서 너무 더럽다고 신경질을 내면서 안 먹는 것보다 배불러서 안 먹는다거나 외국 음식이어서 약간 입맛에 맞지 않는 것 같다고 돌려 말하는 것이 낫다. 어떨 때는 너무 솔직하지 않는 것도 필요하다. 타지에서 외국인이기 때문에 갖는 특권이 있다고 여기는 건 이젠 너무 촌스런 생각이다.

중국에 도착한 후 여러 방면의 중국 친구들을 사귀어 그들과 부지런히 어울리고 돌아다녔다. 식(食)문화가 발달된 나라인 만큼 모였다 하면 먹는 데 열의와 성의를 바쳤다. 심지어 한 지역의 관리들과 지낼 때 12시부터 3시까지의 점심 시간, 5시부터 8시까지의 저녁 식사를 했던 적이 있었다. 지금도 그 때를 생각하자면 어떻게 감당했는지 모르겠다.

이렇게 같이 어울리면서 가장 힘들었던 게 '중국 음식 권하기' 였다. 친구에 대한 성의 표시 하나로 같이 식사를 하면 음식을 많이 권한다. 거절하기 정말 힘들다. 무슨 음식이냐고 물어보면 '낙타 고기', '비둘기 고기', '닭 머리', '오리 머리', '닭 발' 등 한국인들이 차마 생각지도 못한 요리들이 무궁무진하다. '새'를 먹을 때는 꼭 머리 부분까지 같이 나온다. 그것도 음식의 정 중앙에 머리가 꽂혀 있으니 한동안 내 눈을 의심하지 않을 수 없었다. 정말 예쁘게 생긴 아가씨도 통째로 살아 있는 상황에서 튀겨져 괴로워하며 죽은, 머리와 다리가 뒤틀린 조그마한 새를 손에 잡고 먹는 걸 옆에서 보면 한순간 오싹하다. 특히 닭머리는 왜 이리 인기가 많은지, 연인들도 봉지에 들고 다니며 먹는 게 닭머리이고 다섯 살박이 아기가 아장아장 걸으며 손에 꼬치를 들고 다니며 먹는 걸 가만히 보면 닭머리가 가지런히 꽂혀 있다.

아마 그게 가장 힘들었던 것 같다. 어떻게 거절해야 할지 난감했다. 식성 좋고 아무데나 가서 털퍼덕 잘 자는 내가 도저히 목구멍에 못 넘기겠던 게 바로 이 '새 머리'와 큼지막한 '닭 발'이었다.

이러한 시련이 닥칠 때마다 나는 중국 문화와 한국 문화의 차이점을 설명했다. 문화의 다양성, 그 경이로움 등등 미소로 포장을 하며 똑같이 생긴 아시아인이고 비슷한 문화권 같은데 의외의 차이점이 크다고 하면서 살며시 거절했다. 중국인들이 그렇게 새머리와 닭발을 선호하는 무슨 문화적 이유나 영양학적 이유를 물으면서 자연스레 넘어갔다. 내가 처음에 그 음식들을 보고 가졌던 표정과 거부감을 그대로 보여 줄 수는 없었다. 하지만 아직도 이러한 상황이 다시 닥치면 정말 긴장된다.

친구들을 많이 만들어라

유학 생활을 마치고 나서 남는 것은 졸업장과 친구들이다. 타지에서 각국에서 온 친구들을 많이 만드는 것만큼 멋진 생활은 없다. 당연히 문화 차이로 많이 부딪치고 친구를 잃기도 하고 또 그만큼 얻기도 하는 게 유학 생활이다. 그렇게 여러 종류의 친구들을 만나다 보면 유학 생활에서 얻으려고 했던 실질적인 면뿐만 아니라 인생을 배우기도 한다.

중국에 와서 중국 친구들과 어울리기 힘든 이유 중 하나가 경제적 관념의 차이다. 같이 어울려도 돈 씀씀이가 틀리기 때문에 중국인들과 어울리려고 노력하던 한국 학생들이 힘들다며 포기하는 경우도 많이 봤다. 하지만 약간 다른 각도로 생각해 보면 돈 안들이고 중국 스타일에 맞추어 노는 방법을 배우는 것도 재미있다. 한국인이라고 하면 돈 뜯어낼 생각만 한다고 중국 학생들을 극단적으로 매도하는 한국 학생들도 많지만 그것도 자신이 어떻게 그들 앞에 행동하느냐에 달려 있다.

이십대 초반의 대학생들은 만나면 공원에 가서 뛰어다니며 놀기도 하고, 오래된 학교 건물에서 상영하는 1~2위엔짜리 영화도 보고 다녔고, 공짜 학생 밴드 콘서트도 보고, 자전거 타고 다니며, 서점도 다니면서 재미있게 놀았다. 길거리 음식도 먹어 보고 쵸우도우푸(臭豆腐)라고 정말 끔찍스러울 정도로 고약한 냄새가 나는 것도 먹어 보았다. (시궁창 냄새가 난다고 할 정도로 지독하고 이빨을 닦고 껌을 씹어도 냄새가 제거되지 않는다. 거리의 이 두부 냄새 때문에 초기 중국 생활의 외국인들은 너무 괴로워한다. 나도 정말 벼르고 별러서 내 표정을 재미있다는 듯이 쳐다보고 있는 중국 친구들에 둘어싸여서 맛보았다. 하지만! 먹고 나서 이 두부에 중독되는 한국 유학생들도 꽤 있다.) 새벽 일찍 일어나 5~6시에 약속해서 아침 시장에 가서 장도 같이 보고 길거리 아침 식사(요우티아오(油條)라는 중국 아침용 빵과 도우지앙(豆奬)이라는 두유)도 같이 먹고 헤어지곤 했다.

공무원이나 선생님들을 만나면 같이 식당에 들러 음식 먹으면서 중국과 한국에 관련된 정치, 경제 논쟁을 열띠게 나누기도 하고 젓가락 두드리고 어깨춤 추며 각 국가의 노래도 불러 가면서 지냈다. 그렇게 사귄 사람들은 중국 생활을 하면서 어려움이 생길 때마다 열의와 성의를 다해서 도와 준 내 소중한 친구가 되어 있다.

기숙사 박차고 나오기

　기숙사에서 살면 안전 문제는 바깥에서 사는 것보다 보장된다. 하지만 한 가지 알아 둘 것이 한국에서 중국으로 가는 붐이 일어난 것처럼 대부분 학교 기숙사의 3분의 2 정도는 한국 학생이라는 것이다. 이것 또한 작은 한국 사회에 갇혀 사는 결과가 될 수도 있다.

　탈피 방법은 몇 가지가 있다. 중국인 가정과 홈 스테이가 가능한 학교들도 있다. 이것도 흥미로운 중국 생활을 열어 줄 수 있다. 또 다른 방법은 직접 집을 얻어 사는 것이다. 물론 중국에서 기숙사 밖으로 뛰쳐나가 집을 구하는 과정은 참 복잡하다. 파출소도 가야 하고 공안국도 가야 하고 여기저기 허락받느라고 바쁘다.

　하지만 나는 이러한 과정을 정말 추천하고 싶다. 특히 어학 연수생으로 1년 정도만 중국에 머무르면 그만큼 중국인들과 어울릴 수 있는 기회는 적다. 집 찾아다니는 게 귀찮기는 하다. 이것 때문에 바깥에 나가 사는 것을 포기하는 이들도 많다. 그런데 유학 생활은 어떻게 사느냐에 따라 참 많이 남아도는 게 시간이다. 이렇게 직접 부딪치다 보면 중국 생활이란 게 이런 거구나라는 것도 알게 되고 어쩔 때는 제기랄 하면서 욕이 진창 터져 나오지만 이러면서 배우는 게 생활 중국어고 중국 사회다.

　밖에 나가 살려면 수도비도 내야 하고 전화 설치하는 거며 여러 가지를 직접 해야 하기 때문에 생존력이 생긴다. 더군다나 장점은 이렇게 살더라도 기숙사에서 사는 것보다 훨씬 가격이 적게 든다는 것이다. 특히 중국 친구랑 살면 완벽한 중국 생활로 접어드는 것이다.

중국에 있는 한국 유학생들에게서 가장 많이 듣던 소리가 "정말 중국인들이랑 사귀기 힘들어요"였다. 하지만 먼저 마음의 문을 열고 포용할 준비를 하라고 이야기하고 싶다. 중국인들이란…, 이런 생각에 앞서지 말고 어렸을 때 우리가 교과서에서 가장 많이 읽었던 "철수야, 영희야, 같이 놀자!"라는 마음으로 부딪치면 그네들과 진정한 친구가 될 수 있다.

물론 부작용도 있다. 한 용기 있는 한국 남학생도 이러한 굳은 각오로 중국 친구와 같이 밖에 방을 얻어 살았다. 한 1년쯤 살았다고 하던데 지금은 그 친구와 살지 않는다는 것이다. 도저히 그 친구의 생활이 용납되지 않았다고 하소연했다. 분명 둘이 같이 사는 집인데 학교 수업을 듣고 밤에 오면 얼마나 친구들을 많이 데리고 와 자는지 발 디딜 틈도 없었다는 것이다. 자꾸 이러한 생활이 반복되다 보니 결국은 찢어진 것이다. 그래서 지금은 따로 집을 구해서 다른 중국인 룸메이트를 구한다고 하니 대단하다는 생각이 들었다. 그래도 굽히지 않는 저 의지! 물론 그 친구의 중국어는 내가 봤던 그 어느 유학생보다도 훌륭했다.

손에 든 노트 하나

중국에 가자마자 문방구에 가서 손에 딱 맞아 주머니에 들어갈 수 있는 노트 하나를 사라. 어차피 학생이니까 가방이랑 연필을 꼭 가지고 다닐 테니 길거리를 지나가건 중국 사람들과 이야기를 하건 버스를 타고 여행을 가건 지나가다가 모르는 거 있으면 적어 놓았다가 물어 봐라.

귀찮기는 한데 정말 정말 많이 배운다. 특히 중국 같이 어딜 여행해도 장거리 여행이 되는 곳에서는 이런 공부가 두고 두고 유용하다. 노트에다 노래 가사 하나 적어 놓고 왔다 갔다 흥얼거리다 보면 중국 친구들과 노래방 가서도 인기는 한 몸에 얻을 수 있다.

나만해도 이렇게 해서 만든 조그마한 노트가 몇 개나 된다. 그 안에 있는 것들을 지금도 모두 기억한다고? 물론 당연히 아니다. 그렇게 똑똑하지 않은 나로서는 한 번 적어 놓고 외우는 건 불가능하다. 그래도 그렇게 정리된 노트는 다시 보게 된다. 그 때의 상황을 떠올리면서 이건 기차간에 어느 할머니가 가르쳐 줬지 하면서 외우다 보면 내 소중한 추억과 함께 중국어 실력도 듬뿍듬뿍 성장하는 것 같다.

주책 한국인

현대 사회에서는 적극적인 자세가 필수 요건처럼 되어 있다. 특히 타지에서 유학을 하는 경우는 도가 지나친 적극성도 필요하다. 안 그러면 정말 주눅 들기 쉽다. 말은 안 통하지 무슨 말을 해도 잘 못 알아듣지 하니까 그냥 에이… 하면서 말을 안 해 버리려는 경향이 있다. 그러다 보니 말 통하는 한국인들끼리만 지내는 지름길이 될 수도 있다.

하지만 그네들이 말을 못 알아들으면 다시 해라. 그래도 못 알아들으면 손짓 발짓으로 하고 그러다 보면 이 상황에서는 어떻게 말하는지를 다음에는 알게 된다. 말을 제대로 못한 자신에게 화가 나서 집으로 돌아가면 사전이라도 찾아보게 된다. 중국에 있으면 중국인들과 같이 어울리면서 애교도 가끔 떨고 알고 있는 중국 역사, 문화일지라도 다시 한 번 물으면서 관심을 보여 봐라. 사교성 좋은 중국인들도 금새 그에 부응하여 쉽게 친해질 수 있다.

맨 처음 미국에 갔을 때 참 나도 쑥스러움 많고 자존심 강한 아이였다. 특히 같은 동양인 학생이나 제2세대 아이들 앞에서는 더 영어 하기가 두렵고, 못해서 그네들에게 비웃음이나 받지 않을까 하는 자존심에 혼자 괴로워한 적도 많았다. 솔직히 다 이야기하자면 그 스트레스에 괴로워하던 나머지 자판기에서 야금야금 단것 빼먹다가 초반에 참 살도 많이 쪘다. 무식한 스트레스 해소 방법을 나도 모르게 이용하고 있었던 것이다. 그러다가 혼자 힘으로 하려고 왔으면서도 궁상스럽게 있는 내 자신에게 너무너무 화가 나서 머리끈 질끈 부여 매고 주책 한국인이 되기로 했다. 좋은 말로 하자면 자신 있는 한국인이 되자고 외쳤다. 말 안하고 답답하게 다소곳이 있는 한국인보다 적극적으로 끼어들며 웃으며 접근하는 한국인이 외국에서는 더 환영받는다는 사실을 명심해야 한다.

처박히지 마라

유학 생활에서 가장 빠지기 쉬운 함정이 바로 '잠수'다. 정말 적응하기 힘든 시기는 누구나 다 있다. 그걸 어떻게 잘 현명하게 극복하느냐가 가장 중요한 관건이다.

'정말… 힘들구나…' 하며 중국도 싫고 중국인도 싫고 더군다나 중국어도 끔찍하게 듣기 싫을 시기가 누구한테나 있다. 세상과 인연을 끊고 그렇게 잠수해 버리기 시작하면 끝도 없이 깊이 들어가고 결국은 그렇게 괴롭고 절망적인 유학 생활을 보낸다.

이런 젊은 유학생들을 많이 만났다. 성격 탓도 있겠지만 너무 닫고 사는 경향이 있다. 특히 외국에서는 한번 잠수하면 정말 완벽하게 잠수할 수 있다. 한번은 한 나이 드신 여자 유학생이 너무 아파 집 안에서 쓰러졌는데 며칠 동안 아무도 몰랐다. 학교에 며칠 결석하자, 결국은 이상하게 여긴 선생님이 전화를 했고 그래도 연락이 되지 않아 급히 집에 가 보니 학생이 방 한가운데에 쓰러져 있었다. 그 분은 그 때까지 배웠던 중국어를 다 잊어버리고 말았다. 정말로 말이다. 단지 기본적인 니하오(好 : 안녕하세요)나 두이뿌치(對不起 : 미안합니다)만 되풀이하고 있었다. 스트레스에 못 이겨 뇌졸중에 걸리고 만 것이다. 정말 너무 안타까웠다. 누구보다도 열심히 공부했던 학생이었다. 다른 이들보다 늦게 시작한다는 부담감 때문이었는지 항상 혼자서 책만 들고 지냈던 학생이었다. 그만큼 친한 사람도 없었던 것이다. 이런 일이 유학 간 자신에게 일어나지 말라는 법은 없다.

외로움은 각오하라

타지에 나가기 전에 비행기에 올라타면서 마음속에 각오할 것은 이제부터 혼자라는 사실이다. 한국 문화는 항상 여럿이 함께 지내자 주의이다. 밥을 먹어도, 심지어 화장실도 같이 가기(한 미국 친구가 정의한 한국 문화 중 하나)를 선호한다. 이러한 문화에 몇 십 년을 살다 보니 외국에 나가 혼자 덩그러니 남아 있게 되면 가장 힘든 순간이 외로움을 느낄 때이다. 더군다나 이해도 통 안 되는 쏠랑쏠랑하는 말만 귀에 들려오면 정말 어떨 때는 처량하다라는 생각이 들 때도 있다.

하지만 어쩔 수 없다. 처음에 느끼는 외로움에, 아니 어쩌면 끝까지 각오해야 할 외로움을 순순히 받아들이고 외롭지 않기 위해 열심히 많은 일을 찾아보는 수밖에 없다. 외국에서 즐길 수 있는 일을 찾으면 된다. 시간이 나면 걷거나 그 곳에서만 배울 수 있는 것을 배우는 것도 좋은 방법이다.

미국에서는 같이 살던 내 친구들과 함께 부지런히 많은 것을 배우러 다녔다. 가격이 싼 문화 센터 같은 곳에서 각종 댄스를 배우러 다녔고, 또 같이 음식을 해 먹으면서 연습하며 즐거운 시간을 보내기도 했다. 주말에는 집에서 뮤직 파티를 열면서 같이 노래부르거나 음악을 연주하면서 우리들만의 테이프를 만들기도 했다.

중국에서는 틈나는 대로 돌아다녔다. 편지도 많이 쓰고 일기도 쓰고 혼자만의 시간을 즐기기도 했다. 이전에 생각지 않았던 나를 다시 차근히 돌아보기도 했고 중국 친구들을 초대해 음식 대접도 하고 또 그만큼 초대받아 같이 어울리기도 했다. 혼자 있는 시간에 좋아하는 노래 가사 해석하며 따라 부르기도 하고…, 외로움을 두려워하지 않고 즐기다 보면, 또 부지런히 지내다 보면 저만큼 한걸음 나아간 자신을 볼 수 있다.

튼튼한 운동화 하나 마련하기

새로운 세계로 들어가는 출발선에서 남보다 열심히 더 멀리 뛰어가려면 튼튼한 운동화 하나쯤은 필요하다. 신발끈 꽉 동여매고 유학 생활 동안 내가 볼 수 있는 것은 최대한으로 많이 보고 다녀야 한다. 학교를 가도 조금 일찍 나와 튼튼한 신발 신고 걷다 보면, 어느새 누구보다 외국 생활에 적응해 있는 자신을 발견할 수 있을 것이며 시간 날 때마다 여기저기 다닐 수 있는 힘이 솟구치게 될 것이다. 틈나는 대로 절약해 놓은 돈으로 땅덩어리 넓은 중국을 탐색해 보는 것도 멋진 경험이 될 것이다.

인터넷에 보면 어린 나이에도 불구하고 공부하면서 시간 날 때마다 돌아다니고 자기가 얻은 지식과 경험을 같이 공유하고 있는 어린 유학생들의 홈페이지가 참 많다. 그들로부터 많은 것을 배웠다. '어머, 이런 게 있었네!' 하는 좋은 정보도 얻고 그들의 생기발랄한 경험을 공유하면서 많이 웃고 많이 배웠다. 모든 것을 책에서만 얻으려는 것보다 실전과 이론을 같이 겸비하다 보면 멋진 중국통이 되어 있을 수 있다.

청소부 아줌마도 내 친구

미국에 살 때 100년이나 된 2층집을 찾아 살았다. 집주인은 독일인 할아버지와 캐나다 할머니였다. 따로 살았지만 심심하면 시도 때도 없이 할머니 할아버지 집으로 찾아갔다. 영어는 딸리지 같이 살게 된 베트남, 일본, 독일 애들은 내가 영어를 잘 못하는 것에 대해 오히려 미국 애들보다 더 구박을 해대는 것이었다. 자신들도 처음 미국에 왔을 때 똑같은 입장이었을 텐데 말이다(물론 지금은 내 둘도 없는 친구들이 되었지만). 그래도 하루속히 학교 생활에 적응하려면 영어를 배워야겠기에 그 때 생각한 것이 여가 시간 많은 노인들을 공략하자는 것이었다. 괜히 가서 밥 얻어먹고 은행 계좌 어떻게 만들지요 라는 등 질문 거리를 하나씩 들고 가면, 노인들은 정말 친절하게 가르쳐 주신다. 그렇게 할머니 할아버지 살아온 이야기 듣고 내 이야기 하다가 보니 어느새 빨리 진척된(?) 영어 실력에 뿌듯했다.

중국에서 보면 괜히 한 시간에 돈 얼마씩 주고 중국 가정교사 구하는 사람들이 있다. 중국 학생들에게 중국어를 배우기 위해 사적 과외비는 따로 예치해 둔다. 글쎄 어찌 보면 돈 낭비가 아니지 않나라는 생각이 든다. 아니면 과외를 받는 데 너무 익숙해진 한국인들인지 친구를 사귀자는 생각을 먼저 하기보다 과외 선생을 먼저 구하려는 생각부터 한다. 기숙사에 살면 그 곳에서 일하는 아주머니랑, 사무원 언니랑 친해지면 된다. 밖에 나가 살면 주인집 부부들하고 친해지면 된다. 특히 중국인들은 외국인들에 대한 대단한 호기심을 가지고 있기 때문에 금새 친해질 수 있다.

괜히 문화 차이 하면서 중국인들과 친해지는 것을 꺼려하는 이들이 있는데 정말 멍청한 생각이다. 문화 차이도 배워 가는 것이 진정한 유학 생활이다.

외국어를 배울 수 있는 기회의 장

중국에서 공부하는 데 또 하나의 큰 장점이 있다. 욕심을 하나 더 부리고 싶다면 다른 외국어를 배우는 것이다. 나 같은 경우도 중국 대학에 있으면서 일어를 배웠다. 기숙사에는 중국어를 배우려고 온 다양한 언어 국가에서 온 학생들이 많다.

한국에서 영어나 일어를 배우려면 족히 몇 달에 몇 십만 원짜리 학원비를 내면서 배워야 한다. 그래서 내 딴에는 머리를 굴려 이곳에 있는 일본 학생과 함께 소위 말하는 후샹후다오(exchange partner)를 했다. 나는 그 학생에게 영어를 가르쳐 주는 조건으로 일어를 배웠다. 하루에 한 시간은 영어, 한 시간은 일어를 하면서 배우니까 재미도 나고 돈도 안 드는 공짜 과외를 한 셈이다. 자주 만나다 보면 한 시간이 몇 시간이 되고 밥도 같이 먹게 되고 하다 보니 일석이조다.

중국에 가면 특히 한국어를 배우고 싶어하는 외국 학생들을 많이 만날 수 있다. 그런 학생들에게 한국어를 가르쳐 주는 대신 그네들의 모국어를 배우면 된다. 외국어를 쉽게 배울 수 있고 친구도 재미있게 사귈 수 있다.

중국 왔다고 중국어만 배우면 구세대파

중국에서 중국어만 공부하는데 1~2년 이상 투자하는 학생들이 많이 있다. 좀 답답한 느낌이 든다. 며칠 전에 신문을 보니까 중국에서 대학을 졸업하고 한국에 와서 일자리를 구하던 젊은이가 결국은 자리를 찾지 못하고 씁쓸히 돌아섰다는 안타까운 글을 읽은 적이 있다.

하지만 그게 세상이다. 한때 우리나라에서도 외국어만을 배우는 과가 굉장히 인기 몰이를 했다. 기술을 배우자는 것이다. 한때는 영어영문학이 인기였지만 '영어과' 가 등장하며 인기 몰이를 했다. 하지만 꼭 이야기 해 주고 싶은 것은 외국어는 하나의 수단이다. 중국어도 마찬가지이다. 현대 사회는 피곤하게 요구하는 것이 참 많다. 하지만 또 거기에 부응해서 살아야 하는 것이 인생살이다. 중국어만 한다고 해서 모든 것이 쉽게 풀린다고 생각하는 중국에 있는 젊은 학생들은 정신 바짝 차려야 한다. 물론 중국에서 여러 방면에서 공부를 열심히 하는 이들도 많이 봤다. 하지만 HSK 점수 따는 데만 급급해서 거기에만 몇 년을 매달리고 있는 학생들도 많이 봤다.

중국어를 바탕으로 해서 자기 분야 외에 다른 특별 분야를 파고들라고 권장하고 싶다. 문화에 관련된 면도 좋고 경제에 관련된 것도 좋고, 특이하게 환경이나 농업에 관한 공부도 좋다. 그러면 언젠가 중국어뿐만 아니라 전문 분야의 중국통이 되어 있는 자신을 발견하게 될 것이다.

부모님이 해야 할 일

자녀를 조기 유학 보내려고 계획하고 있는 부모님들에게 몇 가지 드리고 싶은 말이 있다. 조기 유학을 보내는 부모님들은 얼마나 마음 고생이 심하랴. 어린 자식 멀리 떠나 보내는 것도 그렇고 부모님이 같이 가시거나 자주 가신다고 해도 항상 불안한 마음을 각오하고 보내야 하는 게 조기 유학이다. 난 조기 유학에 대해서 별로 비난하고 싶지는 않다. 사실 그리 찬성하지도 않지만 한국 부모님들의 심정은 십분 이해가 간다.

어떨 때는 '나도 더 일찍 갔었으면 좋았을 텐데' 라는 생각을 내 자신이 부모님들을 향해 가질 때도 있었으니까….

　교육열 투철한 한국 부모님들이 이미 자식을 유학 보냈거나, 어차피 보내려고 결정을 내렸으면, 그만큼 각오를 했으면 좋겠다고 말하고 싶다. 중국이라는 나라는 특히 우리나라와 참 많이 비슷해 보인다. 우선 인종도 같고 같은 한자권 나라이고 공통적인 요소도 많이 보여서 조금 안심이 되긴 하지만 중국 역시 외국은 외국이다. 어떨 때는 정말 요상하게 이해가 안 가는 것이 중국인이고 그네들의 생활이다.

　하지만 부모님께서 자녀에게 적극적으로 권장해야 할 것은 독립심을 키워 주는 것이다. 그리고 가능하면 많은 중국 친구를 사귀게 권유해야 한다. 혹, 중국에 갈 기회가 생기면 말이 안 통해도 자녀의 중국 친구 부모님과 안면으로라도 인사하며 친해지면 그게 얼마나 자녀의 유학 생활에 도움이 되는지 알게 될 것이다. 중국 문화를 이야기할 때 꾸안시! 꾸안시! 하는게 여기서도 통할 수 있다. 자녀의 친구들과 친해지고 그들의 부모들과도 친해지면, 자녀가 중국 생활하는데 더 안심할 수도 있다. 자녀에게도 꾸안시를 만들어 줄 수 있는 중요한 기회가 될 수 있기 때문이다.

　이왕 자녀들을 중국에 유학 보낼 각오를 했다면 부모님들도 중국 역사, 문화에 관심을 가지고 중국어도 배우면 훨씬 좋다. 물론 나이 들어서 외국어를 배운다는 게 쉽지만은 않지만 방학 때라도 가서 자녀가 공부할 때 옆에서 가끔 물어보며 공부해 보는 것도 자녀에게 큰 힘이 될 수 있다. 자녀의 유학 생활을 이해 할 수 있는 좋은 계기가 될 것이다. 자녀가 봐야 할 HSK라는 시험이 무엇인지 자녀가 좋아하는 중국 음식이 무엇인지, 중국 지역, 문화, 역사를 같이 알콩달콩 이야기하다 보면 그 공감대는 다른 어떤 것보다도 외국에서 자녀를 지키는 힘이 될 수 있다.

앞에서 언급한, 한 번에 HSK 시험 6급에 합격한 학생의 어머니 경우가 그렇다. 절대 부유한 집안은 아니다. 그 학생의 어머니의 경우는 방학 때 중국으로 와 같이 중국어 공부를 했다. 연세가 50세가 된 분이 공부하기란 당연히 쉽지 않다. 한국에서도 틈틈이 책을 보았던 어머니는 여전히 중국어 발음은 엉망이지만 그렇게 약 두 달간 공부했다. 어머니는 그 동안 머물며 자녀가 있는 '중국'이라는 나라에 대해서 나름대로 많이 생각하고 중국어 공부하는 게 얼마나 어려운지 알았다고 했다. 자녀가 전화로 자신의 처지나 상황을 토로하면 그만큼 이해의 깊이는 깊었다. 자녀를 믿고 그 아이의 의견에 따랐다. 그 어머니의 용기와 적극성은 자녀에게도 좋은 본보기가 되었으리라 생각한다. 그렇다고 그 자녀가 한국에서부터 두드러지거나 뛰어난 부류는 아니었다. 장난치고 놀기 좋아하는 정말 평범한 학생이었다. 아직도 그 자녀에게는 여전히 선택하고 고민해야 할 시기가 많겠지만 어머니의 그러한 태도는 앞으로도 분명히 그 자녀에게 커다란 힘이 되어 줄 것이다.

제 5 장
자료편

HSK(중국어 수평 고시)/ CPT 이해하기

중국어 수평고시(간칭 HSK)는 영어의 TOEFL에 해당하며, 중국어를 모국어로 하지 않는 사람(외국인, 화교 및 중국 내 소수 민족 포함)의 중국어 능력을 평가하기 위해 설립된 국가급 표준화 고시이다. HSK는 한국(약 7만원 이상)에서보다 중국(약 200위엔(인민폐), 약 3~4만원)에서 치르면 가격이 훨씬 저렴한 이점이 있다.

HSK란?

HSK는 기초(1~3급), 초·중등(3~8급 : 시험 성적에 따라 초등은 3~5급, 중등은 6~8급으로 구분된다), 고등(9~11급)으로 나뉜다. HSK는 중국 대학(원) 입학 기준, 기업 및 기관에서 직원의 채용·승진을 위한 기준, 중국 정부 장학생 선발 기준으로 쓰이며 성적은 2년간만 유효하다.

과목은 듣기(聽力), 문법(語法), 독해(閱讀), 빈 칸 채우기(綜合塡空)로

총 시험 시간은 145분이다. 고등 HSK 과목은 듣기(聽力), 독해(閱讀), 종합 표현(綜合表達), 작문(作文), 구술(口述) 5개 항목으로, 총 시험 시간은 155분이다.

HSK 시험 안내

　시험 기간 : 초·중등—총 145분(총 4과목)/
　　　　　　　고등—총 155분(총 6과목)

HSK 시험 구성

〈초·중등〉

과목	문제 수	시간(분)
듣기	40	25
독해	15	15
	25	25
종합	40	40
작문		30
구어		20
총	120	155

〈고급〉

과목	문제 수	시간(분)
듣기	50	35
어법	30	20
독해	50	60
종합(빈 칸 채우기)	40	30
총	170	145

과목별 점수표

등급	듣기(聽力)	문법(語法)	독해(閱讀)	종합(綜合)	작문(作文)	구어(口)
3급	38~46	37~45	39~47	37~45		
4급	47~55	46~54	48~56	46~54		
5급	56~64	55~63	57~65	55~63		
6급	65~73	64~72	66~74	64~72		
7급	74~82	73~81	75~83	73~81		
8급	83~100	82~100	84~100	82~100		
9급	58~69	54~65	54~65	58~69	56~67	
10급	70~81	66~77	66~77	70~81	68~79	
11급	82~100	78~100	78~100	82~100	80~100	

등급 분류 및 점수표

증 서		등 급	점수 범위
초등증서	C	3	152~188점
	B	4	189~225점
	A	5	226~262점
중등증서	C	6	263~299점
	B	7	300~336점
	A	8	337~400점
고등증서	C	9	280~339점
	B	10	340~399점
	A	11	400~500점

HSK 신청 안내 준비물

신청비, 여권, 사진, 신청서, 연필

종합편은 무슨 시험을?

종합편은 빈 칸 채우기로 한 문장의 빈 칸에 적절한 단어를 도입시키는 문제 유형이다.

구어는 무슨 시험을?

구술 시험이라고도 하는데 녹음기에 문제가 나오면 그에 대한 답변을 하는 것이다. 시험자의 녹음된 발음 표현력에 따라 채점한다. 말 그대로 구술 능력을 테스트하기 위한 시험 유형이다.

CPT

토익 방식의 중국어 능력 시험 CPT는 실제 생활에서의 대화 능력 측정, 평가가 목표다. 커뮤니케이션 외에 특별한 문법 등은 필요 없다. 생활, 정보 위주의 문제가 나오고 대화 능력, 중국 현지 생활 적응 능력이 평가된다. 또한 급수로 나누는 기존의 불합리한 방식이 아닌 점수로 확실히 '생활 중국어 능력'을 평가하기에 적절한 시험이다.

CPT 구성 및 유형

청 해		독 해	
사진 묘사 문제	20문항	문자 어휘 문제	40문항
질의 응답 문제	30문항	틀린 부분 찾기 문제	20문항
회화 청취 문제	30문항	독해 문제	40문항
설명도 청취 문제	20문항		
계	50분 500점	계	70분 500점
총계	총 7부 200문항 120분 1,000점		

CPT 점수별 평가 기준

CPT	평 가 기 준
900점	중국인과 자유롭게 커뮤니케이션을 할 수 있음. 자신의 경험 범위에서는 전문 외적인 분야의 화제에 대해서 충분한 이행과 적절한 표현 가능함. 중국인 정도는 아니지만 정확하게 어휘, 문형들을 사용할 수 있으며 중국어를 유창하게 구사할 수 있는 능력을 갖춤. 중국어 학습 3,000시간 이상
730점	비교적 적절한 커뮤니케이션을 할 수 있는 소지를 가지고 있음. 일상적인 회화는 완전히 이행하고 있으며 응답도 빠름 문형을 사용함에 있어 다소 틀리는 부분이 있어도 의사 소통에 지장을 줄 정도는 아님. 화제가 특정 분야에 치우치게 되어도 대응할 수 있는 능력을 가지고 있음. 사업 설명 및 비즈니스 상담이 가능하고 단독으로 출장이 가능함. 중국어 학습 2,400~3,000시간
500점	커뮤니케이션을 할 수 있음. 복잡한 상황에서의 의사 소통은 개인에 따라 잘하고 못하는 차이가 있음. 그러나 기본적인 문법, 문형은 소화하고 있으며, 표현력은 부족해도 자신의 의사 표시를 할 수 있을 만큼 어휘력을 갖추고 있음.
300점	일상 생활에서 커뮤니케이션을 할 수 있음. 어휘/문법/문형에 있어서 불충분한 점은 많으나 중국인이 외국인으로서의 특별한 대우를 해 주면 의사 소통이 가능함. 메모와 간단한 메세지를 남길 수 있음. 중국 관광 여행을 혼자서 할 수 있음. 중국어 학습 800~1,600시간
100점	최저한의 커뮤니케이션을 할 수 있음. 쉬운 내용의 말을 알기 쉽게 천천히 이야기하면 부분적으로 이해할 수 있음. 자기 소개를 짤막하게 할 수 있으나 실질적인 의사 소통은 안 됨. 간단한 메모나 문장은 읽고 이해할 수 있음. 중국어 학습 800시간.

중국 지역별 대표 학교 살펴보기

각 대학별로 우세한 과와 어떤 공부를 할 수 있을지 중요 부분을 집중적으로 열거해 놓았다. 여기에 나열해 놓지 않은 대학이 나쁘다는 게 아니라 대학별 특징이 두드러지는 학교를 소개했다. 다른 학교들은 이름에서 쉽게 학교의 특징을 알 수 있거나 종합 대학이기 때문에 생략했다. 어학 연수에 관해서는 언급하지 않겠다. 중국 대부분의 대학에서는 어학 연수가 가능하고 학비도 비슷하다.

베이징(北京)

북경대학(北京大學—베이징 다쉬에)

북경대학은 중국 최고의 대학으로 모든 중국 학생들이 꿈꾸는 대학이다. 그만큼 중국인에게는 입학하기도 어렵고 졸업하기도 어려운 학교다. 북경대학인만큼 물론 모든 과가 좋지만 특히 인문과학을 공부하기를 원하는 학생에게는 북경대학이 최적의 장소다.

학 위	전 공
본과(학사)	고고학, 철학, 국제관계학, 정치학 및 행정관리, 경제학, 광화관리학, 법률학, 정보처리학, 대외한어교학, 심리학, 통계학, 역학, 물리학, 지구물리학, 화학, 도시환경
석사	중국어언문학, 역사학, 고고학, 철학, 국제관계학, 정치학 및 행정관리, 경제학, 광화관리학, 법률학, 정보관리학, 사회학, 마르크스주의학, 대외한어교학, 인구연구소, 아시아연구소, 동방학, 심리학, 통계학, 역학, 지구물리학, 기술물리학, 화학, 생명과학, 도시환경과학
박사	중국어언문학, 역사학, 고고학, 철학, 국제관계학, 정치학 및 행정관리, 경제학, 광화관리학, 법률학, 정보관리학, 사회학, 마르크스주의학, 인구연구소, 동방학, 심리학, 수학, 통계학, 역학, 지구물리학, 기술물리학, 화학, 도시환경과학

북경대학에 입학하길 원하는 외국 유학생은 특별 시험을 통과해야 한다. 시험은 고등학교 교과서에 나오는 수준이고 시험 2개월 전 학교 내에서 복습반이 열리기도 한다. 시험에 관한 정보를 얻기에 좋다.

• 입학을 위한 몇 가지 준비

  1. 등록 기간 : 3월 4일~3월 8일

  2. 등록 서류

    - 고등학교 졸업장

    - 성적증명서(영어, 중국어로 번역), 추천서, 재정증명서

    - 중국 보증인 증명서(이름, 직장, 전화번호, 주소)

    - 입학 응시 서류

3. 등록비 50달러 (현금 또는 여행자 수표)

4. 등록금

   - 문과 3,000달러(1년)

   - 경제학, 법학 3,300달러

   - 이과 3,400달러

5. 유학생 기숙사

   3.5~11달러

6. 입학 시험(HSK 시험 6급 이상) : 6월 중순

   - 문과 : 중국어, 역사, 영어

   - 경제학과는 수학 필수

   - 이과 : 중국어, 수학, 영어

   *석사, 박사 신청의 경우는 대학교 성적증명서 2장, 졸업장 2장, 추천서 2장

- 석·박사 등록 기간 및 시험 일정

   1. 등록 기간 : 11월 1일~7일

   2. 시험

   - 석사 : 1월 26일~28일

     문과 3,200달러

     경제, 법 3,400달러

     이과 3,600달러

   - 박사 : 3월 15일~16일

문과 3,400달러

경제, 법 3,600달러

이과 4,800달러

MBA 5,000달러

IMBA 6,000달러

- 시험 정보 :

  www.pku.edu.cn/admission/graduate/index.html

  edu.beida-online.com/bdzs.index.php

- 입학에 관련된 문의

  Tel) 86-10-6275-2611, 86-10-6275-9398

  Fax) 86-10-6276-5543

  E-mail) yklb@pku.edu.cn

- 어학 연수

  Tel) 86-10-6275-7362, 86-10-6275-9398

  Fax) 86-10-6275-1233

  E-mail) dqlb@pku.edu.cn

  주소) International Students Division Peking University

  Beijing, 100871, China

청화대학(青華大學-칭화 다쉬에)

청화대학은 현재 북경대학을 앞질렀다고 여겨질 정도로 급속하게 발전하는 대학으로 공과 계열 위주의 대학이다. 캠퍼스는 현대식 건물로 규모가 굉장히 크다.

- **입학을 위한 몇 가지 준비**

  1. 등록 기간 : 4월 1일~4월 20일

  2. 등록 서류

     - 고등학교 졸업장

     - 성적증명서(영어, 중국어로 번역), 추천서, 재정증명서

     - 입학 응시 서류

  3. 등록비 180위엔

  4. 등록금

     - 문과 20,000위엔(1년)

     - 경제학, 이과 26,000위엔

     - 예체능과 3,300위엔

  5. 유학생 기숙사

     25~80위엔

  6. 입학 시험(HSK 시험 6급 이상) : 6월 중순

     - 문과 : 중국어, 작문

     - 영어 전공 : 영어, 중국어 작문

     - 이과 : 수학, 물리, 화학

  * 석사, 박사 신청의 경우는 대학교 성적 증명서 2장, 졸업장 2장, 추천서 2장

학 위	전 공
본과(학사)	건축계, 토목공정계, 수리수전공정계, 정밀기기 및 기계학계, 기계공정계, 열공정계, 자동차공정계, 전기공정 및 응용전자기술계, 전자공정계, 컴퓨터과학 및 기술계, 자동화계, 화학공정계, 재료과학공정계, 생물과학 및 기술계, 경제관리학원, 중국어언문학계
석사	건축계, 토목공정계, 수리수전공정계, 환경공정계, 기계공정계, 정밀기기 및 기계공정계, 열공정계, 자동차공정계, 전기공정 및 응용전자기술계, 전자공정계, 컴퓨터과학 및 기술계, 자동화계, 공정물리계, 공정역학계, 화학공정계, 재료과학 및 공정계, 현대응용물리계, 화학계, 경제관리학원

• 석·박사 등록 기간 및 시험 일정

1. 등록 기간 : 12월 1일~1월 15일

2. 시험

  – 석사, 박사 : 4월 초순

  – 석사

  문과 23,000위엔

  이과 30,000위엔

  예체능과 42,000위엔

  – 박사

  문과 30,000위엔

  이과 40,000위엔

  예체능과 50,000위엔

- 시험 정보 : www.tsinghua.edu.cn
- 입학에 관련된 문의

　Tel) 86-10-6278-4857, 86-10-6278-4621

　Fax) 86-10-6277-1134

　E-mail) xn-fao@tsinghua.edu.cn

　주소) No. 1 Qinghua Yuan, Haidian District
　　　　Beijing, 100084, China

중국인민대학(中國人民大學-중구어 런민 다쉬에)

　사회과학, 경제학을 위주로 하는 종합 대학으로 국가 명문 10대 대학 중의 하나다. 인민대학은 법, 경제, 행정 등 사회과학 분야에서 북경대학을 능가하는 수준이라고까지 이야기한다. 인민대학 졸업자들이 중국의 유명한 당 간부들이 되었고, 특히 경제 관련학과 졸업자들이 중국 재정부, 주요 은행 등에서 중요한 역할을 하고 있다. 우리나라의 많은 한국 공무원들 또한 인민대학에서 공부를 하고 있다. 그만큼 국제정치학과, 현대한어과, 법학과, 행정과 등의 사회과학 계열과 경제학과가 우세하다.

학 위	전　　공
본과(학사)	철학과, 경제과, 국제경제와 무역과, 재정학과, 화폐금융과, 법학과, 사회학과, 사회복지과, 정치학과, 행정학과, 국제정치학과, 중국중문학과, 언론학과, 방송학과, 광고학과, 역사학과, 통계학과, 정보관리과, 경영학과, 마케팅과, 회계학과, 인사관리학과, 부동산과, 문헌학과, 무역학과, 과학사회주의와 국제

학 위	전 공
본과(학사)	공산주의운동과, 중국혁명사와 중국공산당사과, 영어학과, 러시아학과, 일어학과, 중국어학과
석사	마르크스주의철학, 중국철학, 외국철학, 논리학, 윤리학, 미학, 종교학, 과학기술철학, 정치경제학, 경제사상사, 경제사, 서방경제학, 세계경제, 인구, 자원, 환경경제학, 국민경제학, 지역경제학, 재정학, 금융학, 산업경제학, 노동경제학, 국제무역학, 통계학, 수량경제학, 법학이론, 법률사, 소송법과 행정법, 형법학, 민상법학, 소송법, 경제법, 국제법, 법률석사, 정치학이론, 중외정치제도, 과학사회주의와 국제공산당주의운동과, 중앙당사, 국제정치, 국제관계, 외교학, 사회학, 인구학, 인류학, 문예학, 언어학응용언어학, 한어어문자학, 중국고전문헌학, 중국고대문학, 중국현당대문학, 비교문학과 세계문학, 영어어언문학, 러시아어언문학, 일어어언문학, 신문학, 사학이론과 사학사, 전문사, 중국고대사, 중국근현대사, 세계사, 컴퓨터응용기술, 확률 및 수학통계, 회계학, 기업관리, 여행관리, 기술경제관리, 공상관리석사, 농업경제관리, 식품학, 행정관리, 사회보장, 토지자원관리, 도서관리, 당안학
박사	마르크스철학, 중국철학, 외국철학, 윤리학, 논리학, 미학, 종교학, 과학기술철학, 정치경제학, 경제사상사, 경제사, 서방경제학, 세계경제, 인구, 자원 및 환경경제학, 국민경제학, 지역경제학, 재정학, 금융학, 산업경제학, 노동경제학, 통계학, 법학이론, 법률사, 소송법과 행정법, 형법학, 민상법학, 소송법학, 경제법, 정치이론, 공산당사, 마르크스주의이론 및 사상정치교육, 사회학, 인구학, 문예학, 신문학, 방송학, 중국고대사, 중국근현대사, 세계사, 회계학, 기업관리, 노업경제관리, 행정관리, 당안학

북경어언문화대학(北京語言文化大學-베이징 유옌 원화 다쉬에)

북경어언문화대학은 교육부 중점 대학으로 HSK를 주관, 실시, 대외한어 교재를 주로 연구하고 편집하는 학교이므로 많은 외국 유학생들이 이곳에서 공부한다. 외국 유학생들에게 중국 문화와 역사를 적극적으로 시도한 학교이기도 하다. 그만큼 정보가 많기 때문에 공부하기 적절한 장소라는 장점이 있지만 한국 학생들이 너무 많고 한국 거리와 바로 인접해 있기 때문에 한국인들과의 교류가 많다는 단점이 있긴 하다. 하지만 그 반면 다른 어느 대학보다도 다양한 외국 학생들과 접할 수 있다.

북경어언문화대학은 본과로 정식 대학에 입학해도 일반 중국 학생들과 수업을 절대 같이 들을 수 없게 외국인들을 위한 과가 따로 마련되어 있다. 사이버 대학(www.eblcu.net)도 경제무역중국어, 일반중국어로 주로 중국어 수업에 집중하고 있다.

수도사범대학(首都師範大學—쇼우두 스판 다쉬에)

국가 중점 대학의 종합 대학으로 교사를 양성하는 대학이다. 수도사대의 현대한어과는 편입생도 받는데 HSK 6급은 2학년, HSK 8급은 3학년 편입이 가능하다.

- **현대한어과반**

  4년 내에 170학점을 이수해야 하는데 필수 과목은 60~70%, 선택 과목은 30~40% 정도이다. 편입생이라 하더라도 최소 104학점은 이수해야 한다. 학사 학위를 취득하기 위해서는 과목 이수와 성적 합격 그리고 논문을 통과해야 한다.

대외경제무역대학(對外經濟貿易大學—다와이 징지 우이 다쉬에)

대외경제무역대학은 경제, 무역 방면으로 유명한 대학이며 유학생 수도 많은 대학 중의 하나다. 현재 많은 기업의 단체 연수도 개설되어 있다. 전국에서 유일하게 국제경제무역 전문 과정이 설치되어 있다.

학 위	전 공
학사	국제경제무역학, 법학, 국제공상관리, 국제교유, 외국어, 해관관리, 인문과학, 경제정보학
석사	국제무역, 국제기업관리, 국제금융, 영어(국제무역방향), 경제정보관리, 불어(국제무역방향), 국제경제법, 일어(언어문학방향)
박사	국제무역, 국제경제법

• 중국경제무역연수반

중국의 경제, 무역, 금융, 법률 및 사회문화 등의 방면을 중점으로 공부하는 과정이다. 중국어가 어느 정도 되는 학생이 지원할 수 있다. A, B반으로 나뉘어져 있으며 모두 수강하는 데에는 약 1년 정도 걸린다.

① A반 : 중국대외무역이론 및 정책(中國對外貿易理論 및 政策), 중국경제개론(中國經濟槪論), 국제무역(國際貿易), 중국재세금융 및 세법(中國財稅金融 및 稅法), 중국해관관리실무개론(中國海關管理實務槪論), 중국보험실무(中國保險實務), 손자병법 및 모략(孫子兵法 및 謀略).

② B반 : 중국대외무역사(中國對外貿易史), 중국대외무역실무 및 국제관례(中國對外貿易實務 및 國際慣例), 중국전통문화개론(中國傳統文化槪論), 중국외준체제개혁 및 정책(中國外匯體制改革 및 政策), 중

▲ 중앙민족대학 정문.

국인진외무정책(中國引進外資政策), 삼무기업설립 및 세수(三資企業設立 및 稅收), 중국대외무역연론 중국대외무역법률(中國對外貿易運輸 中國對外貿易法律).

중앙민족대학(中央民族大學 - 중앙 민쭈 다쉬에)

중국 대학 중 가장 흥미로운 학교라고 단언할 수 있을 정도로 중국의 새로운 면을 접할 수 있다. 캠퍼스를 거닐다 보면 중국의 다양한 소수 민족을 모두 이곳에서 만날 수 있다. 같은 아시아계의 중국인이라고 믿기지 않을 정도의 각양각색의 얼굴이다. 소수 민족 전문 학교인

만큼 인류학, 민족학, 중국 소수 민족 계통의 공부에 관심이 있는 사람이라면 적극적으로 추천해 주고 싶다. HSK 강화반도 따로 설치되어 있다. 기숙사비가 다른 학교에 비해서 6.5~7달러 비싼 단점이 있다.

중국지질대학(中國地質大學 - 중구어 디쯔 다쉬에)

중국지질대학은 중국 지질학 분야에서 최고 명성을 가진 대학이다. 또한 회계학, 법학, 마켓팅, 경제학, 영어 등 인문 계열과 경상 계열 학부를 두루 갖춘 종합 대학이다. 한국 내에서는 지명도가 없지만 중국 내에서는 손꼽히는 명문 대학 중 하나다. 중화 인민 공화국 지질광산부 소속으로 지질. 자원. 환경. 지학 공정 기술 등의 이공 계열 학교로 전국 지학 고등교육과 과학 연구의 주요 기지이다.

북경사범대학(北京師範大學 - 베이징 스판 다쉬에)

북경사범대학은 교육부 중점 대학으로 역사학, 중문학이 유명한 대학이다. 현대한어과는 무시험 서류 전형으로 모집한다.

학 위	전 공
본과(학사)	교육과, 철학계, 예술계, 역사학계, 외국어계, 중국언어문학계, 대외한어교육, 경제학원, 체육계, 수학계, 화학계, 물리학계, 천문학계, 심리학계, 통계학계, 자연환경과학계, 생명과학학원, 정보과학학원
석사	철학계, 경제학원, 법정연구소, 교육계, 교육과학연구소, 교육관리학원, 중문계, 외어과, 역사과, 고대문헌연구소, 사학연구소, 국제 및 비교교육연구소, 대외한어교육학원, 예술계, 아동심리연구소, 심리계, 수학계, 체육계, 물리계, 원자력에너지연

학 위	전 공
석사	구소, 화학계, 정보과학학원, 자원과환경과학계, 천문계, 환경과학연구소, 생명과학원, 자원과학연구소, 계통과학계
박사	철학계, 법정연구소, 경제학, 심리계, 교육계, 아동심리연구소, 중문계, 역사계, 외국어계, 수학계, 원자력에너지연구소, 물리계, 화학계, 천문계, 자원과환경과학계, 생명과학원, 정보과학원, 환경과학연구소, 국제 및 비교교육연구소, 사학연구소, 자원연구소, 예술계, 계통과학계

북경방송대학(北京放送大學-北京廣報學院)

북경방송대학은 TV 방송 관련의 고급 인재, 아나운서를 양성하는 대학이어서 정확한 발음을 배우기에 좋다.

학 위	전 공
본과	신문과, 광고학, TV학, 문예학, 방송음향학, 현대어언학, 전자공정학, TV공정학, 정보공정학, 녹음예술학, 외국어학과, 관리과학과, 사회과학과, 방송TV문학과

북경외국어대학(北京外國語大學-베이징 와이구어 다쉬에)

북경외국어대학에 진학할 때 영어과, 일어과의 시험 과목은 전공인 영어, 일어 전문 외국어 대학이다. '대외 한어과'를 지원하려면 HSK 3급 이상이어야 하고, 다른 입학 시험은 없다. 편입생도 받고 있다.

북경이공대학(北京理工大學-베이징 리공 다쉬에)

북경이공대학은 공과 계열이 유명한 대학이다. 기계전자동력공정 및 자동화대학, 컴퓨터제어대학, 차량공정대학, 정보공정대학, 화공재료공정대학, 기계공정대학, 관리 및 경제대학, 과학기술대학, 인문사회과학대학이 있다.

북경중의약대학(北京中醫藥大學-베이징 중이 다쉬에)

북경중의약대학은 중국에서 가장 최초의 중의대학 중 하나다. 국가 중의약 직속의 중점 대학이며 교학, 연구, 의료, 산업을 주로 공부한다. 졸업생은 중국 내의 의약 위생 사업과 중의약 교육 사업에서 활발한 역할을 하고 있다. 기초의학원, 중약학원, 국제학원, 제일임상의학원(4개학과-침구안마, 위생사업관리, 중의간호), 성인교육부, 사회과학부, 체육부가 있다.

전공학과	중의학, 중의건강회복학, 중약학, 중약제약학, 침구학, 위생사업관리, 관리공정(중약기업관리)과 중의간호학

수도경제무역대학(首都經濟貿易大學-쇼우두 징찌 우이 다쉬에)

수도경제무역대학은 경제 무역 전문 대학이다.

전공학과	국제기업관리, 기업관리, 인력자원관리, 경제무역과, 국제경제, 경제법, 통계학, 재정회계, 관리정보계통, 직업안전, 환경보호, 공업공정

북경공업대학(北京工業大學-베이징 공예 다쉬에)

북경공업대학은 북경시 정부의 기업체, 사업체들과 활발한 관계를 갖고 있다. 이름 그대로 공업 계열 전문 학교이다.

전공학과	경제관리대학과 컴퓨터대학, 대외경제무역과, 응용경제과, 관리과, 건축학과, 컴퓨터과학과, 기계공정학과, 금속재료공학 및 공정학과, 공업자동학과, 토목공학과, 화학 및 환경공정학과, 응용물리과

북경외교학원(北京外交學院-베이징 와이지아오 쉬에위엔)

북경외교학원은 대외 경제, 법률 사업, 외교, 외사, 국제 문화 연구에 종사할 인재를 양성시키는 중국 외교부 산하의 대학이다. 외교학부, 영어학부, 외국어학부, 국제법학부, 국제경제학부, 국제법연구소, 국제관계연구소가 있다. 외교 전문가를 초빙하는 등 다양한 활동으로 동아시아 외교에 관심 있는 사람이라면 생각해 볼 만하다.

중앙희극학원(中央戱劇學院-중앙 씨쥐 쉬에위엔)

국가 교육위원회와 문화부 소속의 중국 희극 예술 방면의 학교로 혹시 이쪽 분야에 관심이 있으신 분이 있을까 적어 놓았다. 영화, TV 예술 훈련 등 실전 중심의 종합성 예술 대학으로 감독과, 표현과, 연기과, 희극문학과, 무대미술과 등 다양한 전공 분야가 있다. 희극예술연구소(화극-영화, TV-실험실, 셰익스피어연구센터, 오네일연구소, 음악극 연구조와 번역조)도 있다. 중국극 예술의 최고 학부로 여겨진다.

북경무도대학(北京舞蹈大學-베이징 우다오 다쉬에)

춤을 가르치는 대학이다. 북경무도대학은 발레과, 민족무극과, 민간무용과, 각색연출과, 무도사와 무도이론학과, 사회음악무도 교육과로 구성되어 있다. 대학 내부에 부속 중등무도학교(중학교, 고등학교 과정)와 청년무용단이 갖추어져 있다. 매년 전국 중국 학생들을 모집하며 관심 있는 유학생도 두드려 볼 수 있는 기회가 있다.

티엔진(天津)

남개대학(南開大學-난카이 다쉬에)

남개대학은 중국의 총리였던 주은래(周恩來)가 졸업한 대학이어선지 중국의 유명인들 중에 남개대학 졸업자가 많을 정도로 유명 대학 중 하나다. 인문사회과학, 자연과학, 기술과학, 관리과학, 생명과학, 의과, 예술대학으로 나누어져 있는 종합 대학이다. HSK 시험을 주관하는 대학 중의 하나이기 때문에 많은 수의 유학생이 재학하고 있다. 현대한어과도 유명한데 졸업 이수 학점은 159학점이다. 고대사(古代史)와 중국지리 분야가 우수하다. 또한 전통학과로는 물리학과, 화학과 등이 있다

천진대학(天津大學-티엔진 다쉬에)

천진의 대표적인 이공계 대학이다. 천진의 가장 큰 캠퍼스를 가지고 있으며 남개대학과 담벼락 하나로 마주하고 있다. 특히 공정열물리, 레이저 기술, 건축학과 등 공과 계열 쪽으로 중국 내에서 지명도가 높은 대학이다.

전공학과	기계공정학원	기계설계제조 및 자동화, 공정역학, 열에너지 및 동력공학
	정밀측정기계와 광전자 공학학원	제어계측기술과 정밀측정기계, 전자과학과 기술
	생물의학공학	
	전기자동화와 에너지원 공학학원	전기공정 및 자동화, 자동차
	전자정보공학학원	전자정보공학, 컴퓨터과학과 기술
	건축학원	건축학, 도시계획
	예술설계	
	건축공학학원	토목공학, 건축환경과 설비공학, 개수배수공학, 환경공학, 수리수전공학, 항구항도와 해안공정, 선박과 해양공정
	화공학원	화공정비와 제어공학, 화학공학 및 공예, 생물공학
	재료과학과 공학학원	금속재료공학, 무기비금속재료공학, 고분자재료와 공학
	관리학원	관리과학, 정보처리와 정보계통, 공업공정, 공정관리, 공상관리
	이학원	수학과 응용화학, 응용물리학, 응용화학

천진외국어대학(天津外國語大學-티엔진 와이구어 다쉬에)

천진외대는 영어, 일어, 불어, 독어, 러시아어, 스페인어, 한국어, 중국어 등 8개 전공이 있다. 천진외대는 천진시에서 제일 먼저 유학생을 모집한 대학 중의 하나일 뿐만 아니라 한국어과가 개설되어 있어 한국어과 학생과 서로 공부를 도와 줄 수 있다.

▲ 남개 대학의 주은래 동상.

천진사범대학(天津師範大學-티엔진 스판 다쉬에)

천진사범대학은 한국과 영국 여러 대학과의 자매 결연으로 한국 학생들의 수가 많다. 천진에서 HSK 시험을 주관하는 대학 중의 하나다.

상하이(上海)

복단대학(復旦大學-푸단 다쉬에)

복단대학은 대표적인 중점 대학으로 HSK 3급 이상이면 외국인 전용의 한어학과에 진학할 수 있다. HSK 3급 이상이면 외국인 전용의 한어언학과(漢語言學科)에 진학할 수 있다. HSK 6급 이상이면 기타 모든 학과에 지원이 가능하다. 복단대학의 국제문화교류학원은 HSK 를 주관하는 곳으로서 매년 5월, 7월, 12월에 HSK 시험을 실시하고 있다. 유망학과는 신문방송학과, 경제학과, 국제정치학과, 중영국제학과, 국제관계학과가 있다.

전공학과	중국어언문화학과, 중문과, 역사과, 문물 및 박물관학, 신문학, 국제정치학, 법률학, 국제경제법, 사회학, 경제학, 국제경제학, 국제금융학, 기업관리학, 관리과학과, 통계학, 국제기업관리학, 회계학, 재무학, 호텔관리학, 수학, 물리학, 화학, 고분자과학, 환경과학과공정, 생물화학, 미생물학, 생리학 및 생물물리학, 환경과 생물자원학, 유전자공학, 전자공정학, 컴퓨터과학, 응용역학, 광학, 재료과학

동제대학(同濟大學 - 통지 다쉬에)

동제대학은 중국 교육부 중점 대학이며 이공 분야의 이름난 대학이다. 남방의 청화대학이라고 불릴 정도로 중국 내에서는 이름난 학교이다. 중국에서 건축 계열로는 가장 유명한 대학이다. 본과 과정에는 관리공정, 국제기업관리, 건축, 도시계획, 공업설계, 관광관리, 공업건축과 민간건축, 교량기술, 컴퓨터응용, 경제법, 영어, 일어, 독어, 부동산경영관리 등 44개 학과가 개설되어 있다.

상해재경대학(上海財經大學 - 상하이 차이징 다쉬에)

졸업생들이 국가 정부 기관, 재정, 금융 등 주요 부서에서 현재 활동하고 있으며, 세계은행도서자료센터도 본교에 있는 등 상하이의 금융, 재정, 경제를 이끌어 가는 학교이다. 상하이의 경제와 재정의 전문가가 되려면 도전해 볼 만한 대학이다.

- 상해재경대학 경제무역한어과는 크게 1, 2학년에는 중국어에 대해 집중적으로 수업한 후 3, 4학년에는 상경 계열 전공 필수 과목 및 선택 과목들을 배우게끔 안배되어 있다.

상해중의약대학(上海中醫藥大學-상하이 중이 다쉬에)

침구 배훈 중심으로 침구학 등 중의 경험자, 임상 근무자 등이 신청할 수 있으며 3개월 등의 과정으로 중국어, 일어, 영어, 프랑스어 중 하나를 택할 수 있다. 전통의학 교육 중심은 중의학기초·진수반, 중의경전저작(經典著作) 강습반, 안마, 기공, 무술, 2~12주 선택 가능하며 중국어, 일어, 영어, 프랑스어 중 하나를 택할 수 있다.

상해사범대학(上海師範大學-상하이 스판 다쉬에)

상해교육부 중점 대학으로 인문학 분야가 유명하며 HSK 성적이 있는 경우는 대외 한어과에 편입을 할 수 있다.

상해외국어대학(上海外國語大學-상하이 와이구어 다쉬에)

전국 중점 대학으로 전공과는 영어, 러시아어, 독어, 불어, 일어, 서반아어, 아랍어, 이탈리아어, 그리스어, 포르투갈어, 국제정보, 국제경제법, 국제무역, 국제회계, 외무관리 등이다.

• 본과 개설 전공 안내

현대한어과에서는 경제한어(經濟漢語), 영어쌍어한어(英語雙語漢語), 한어영어국제쌍어(漢語英語國際雙語) 전공이 있다. 그 밖에 영어, 일어, 러시아어, 불어, 독어, 이태리어, 조선어 등 어학 계열학과와 국제경제무역, 국제금융, 국제경제법, 국제신문, 교육전파 및 기술, 국제기업관리 등 20개 학과에서 모집하며, HSK 3급 이상 가능하다.

상해교통대학(上海交通大學-상하이 지아오 다쉬에)

중국에서 가장 오랜 역사를 지닌 상해교통대학은 주석 강택민(장쩌민)의 모교이기도 하다. 이공대학, 경영대학, 인문사회대학, 약학대학

학위	전 공
학사	선박해양공학부(국제항운과), 동력에너지공학부(핵공학핵기술과, 환경공학과), 전자정보학원(컴퓨터과학과 기술과, 정보공학과, 제어계측공학과), 전력학부(전기공정자동화과), 재료공학부, 기계공학부, 이학부, 생명과학기술부, 인문사회과학부(공공사업관리과, 신문방송학과, 법학과-영어구두, 면접, 예술설계과), 건축공학역학부, 화학화공학부, 안타이관리학부(기업관리과, 국제경제무역과-영어구두시험, 금융학과, 회계학과, 호텔경영과-면접, 인력자원관리과), 농학부, 소성성형공학부(기계공정자동화과), 약학부(생물공학과)
석사	과학기술철학, MBA, 국제무역학, 기업관리, 기술경제관리, 외국어 및 응용언어학, 기초수학, 응용수학, 이론물리, 응집태물리, 광학, 생물화학과 분자생물학, 일반역학과 역학기초, 고체역학, 유체역학, 기계제조자동화, 기계전자공학, 기계설계 및 이론, 차량공학, 정밀기계공학, 제어계측공학, 재료물리화학, 재료학, 재료가공공학, 선박공학, 핵에너지공학, 환경공학, 정보학

등이 설립되어 있는 학교다. 외국 유학생들의 수가 많은 학교 중의 하나다. 상해교통대학은 국가 중점 대학으로 이공대학, 경영대학을 중심으로 인문사회과학대학, 약학대학 및 농과대학이 모두 개설되어 있는 종합 대학이다. 여섯 개의 캠퍼스로 나누어져 있으며 현재 교통 대학의 기업관리학원 단과대학원장은 WTO 대사도 함께 역임하고 있어, 기업관리, 공상관리 방면에 투자를 많이 하는 학교다. 호텔경영학을 공부하기를 원한다면 생각해 볼 만하다.

상해국제문화학원(上海國制文化學院-상하이 구오지 원화 쉬에위엔)

상해국제문화학원에 개설되어 있는 전공은 중국어, 영어, 일어, 독어, 불어, 러시아어가 개설되어 있다. 오후 시간에는 서예, 태극권, 무술, 침구, 요리, 중국희극, 중국민요, 중국악기 등을 강의하고 있다.

상해대학(上海大學-상하이 다쉬에)

상하이시 직속의 중점 대학으로 본과 과정에는 어문 계열로 중국어, 역사학, 중국문화, 예술 계열에는 서예, 중국화, 유화, 조소, 전각, 회화사, 미세조각학과가 이공 계열에는 건축, 공업설계, 전기자동화, 컴퓨터과학, 식품과학, 회계정보관리과 등의 66개 학과가 개설되어 있다.

화동사범대학(貨東師範大學-후아동 스판 다쉬에)

화동사범대학은 HSK 시험 주관 학교이므로 시험 준비에 유리한 조건을 가지고 있다. 교육부 주관의 중점 대학으로 주요 학과로는 철학과, 역사학과, 중국어언문학과, 심리학과 등이 개설되어 있다.

화동이공대학(貨東理工大學-후아동 리공 다쉬에)

화동이공대학은 이공 계열이 강한 중점 대학이지만 문과, 이과, 국제 무역이 고루 갖추어져 있는 종합 대학이다.

리아오닝(遼寧)

동북대학(東北大學-동베이 다쉬에)

선양의 동북대학은 공학원, 이학원, 관리학원, 문법학원 등으로 이루어진 중국 중점 대학인 종합 대학이다. 이공 계통으로 유명한 학교이며 학교의 규모와 투자도 점차 늘고 있다.

동북재경대학(東北財經大學-동베이 차이징 다쉬에)

동북재경대학은 종합재무경제대학으로 재무경제, 재산평가 및 관리, 재무관리, 화폐은행, 국제금융, 보험, 세무, 회계, 감사, 공업회계, 국제회계, 공인회계, 투자경제관리, 부동산경영관리, 국제투자, 공업경제, 기업관리, 국제기업관리, 무역경제관리, 무역경제관리, 시장경영행정관리, 물자재무회계, 무역회계를 중심으로 공부하는 학교이다.

요녕대학(遼寧大學-리아오닝 다쉬에)

종합 대학인 요녕대학은 선양에서는 가장 큰 종합 대학으로 리아오

닝에서는 인문과학(중문학, 법률학, 경제학)으로 강한 학교이다. 학교 캠퍼스도 크고, 한국인들이 많이 있고 주변에 한국 식당, 노래방, 비디오방 등이 모두 갖추어져 있어 생활 면에서 매우 편하지만 그로 인해 공부하기에는 유혹이 많다.

심양사범대학(沈陽師範大學-선양 스판 다쉬에)

심양사범대학은 선양에 위치하고 있으며 중문, 외국어, 예술, 물리, 화학 등 많은 학과를 가진 종합 대학이다. 선양 지역에서는 어학 연수 과정이 가장 잘 되어 있다고 하지만 요즈음은 기숙사 문제(편의 시설의 악화, 가격 상승) 때문에 유학생들과 마찰이 점점 심해지고 있다.

- **대외중국어 문화 교육 과정과 관광 관리 과정**

고졸 이상의 학력 소지자로 HSK 3급~6급 소지자는 2, 3학년 편입이 가능하다.

대외중국어 문화교육과 – 중국어, 신문, 뉴스 등 필수 과목과 중국 개황, 교육학, 심리학, 영어, 대외중국어교수개론, 중국대외중국어.

관광관리과 – 중국어, 뉴스, 관광학개론, 가이드업무, 번역, 관광관리 등 필수 과목 중국명승지, 영어, 컴퓨터기초.

대련이공대학(大連理工大學-다리엔 리공 다쉬에)

대련이공대학은 전국 중점 대학으로 공학과를 위주로 응용이과학, 관리과학, 사회과학과 응용문과학을 공부할 수 있다.

대련외국어대학(大連外國語大學-다리엔 와이구어 다쉬에)

대련외국어대학은 동북 지역에서 유일한 외국어 대학으로 일본어학원, 영어학원, 한학원, 국제여행학원, 국제예술디자인학원, 러시아어학과, 독어학과, 프랑스어학과, 한국문화원, 사회인재교육센터, 사회과학부가 있다. 다리엔에서 HSK 시험을 주관하는 대학으로 외국인을 위한 어학 연수 규모는 그 중에서 가장 크다. 외국인을 위한 본과 과정을 개설하여 HSK 3급이면 본과 입학이 가능하다. 또한 3년제 상무한어과와 침구과도 개설되어 있다.

요녕사범대학(遼寧師範大學-리아오닝 스판 다쉬에)

요녕사범대학은 리아오닝 중점 대학으로서 다리엔에서 가장 큰 종합 대학이다. 단과 대학(생명과학원, 정법학원, 관광관리학원, 외국어학원, 정보처리학원, 체육학원, 도시환경학원, 체육과학학원, 평생교육학원, 국제교류학원)과 외국인을 위한 대외 한어과에서는 1, 2학년은 어학 연수 과정, 3, 4학년은 중국 문화반과 국제 상무반으로 나뉘어져 있다. HSK성적이 없어도 입학할 수 있다.

헤이룽지앙(黑龍江)

헤이룽지앙 지역에서 강조하고 싶은 것은 만일 깨끗한 중국어 발음을 배우기를 원한다면 적극적으로 동북 삼성 중 특히 헤이룽지앙 학교들이다. 이 지역은 가장 표준 발음을 쓰기 때문에 지역적 사투리가 없다. 아나운서도 헤이룽지앙 지역에서 가장 많이 배출되었다고 할 정도다. 하지만 겨울에 추위는 각오해야 한다.

동북임업대학(東北林業大學)

국가 교육부 소속 대학으로서 임업 관련 학과를 중심으로 하여 자연과학, 경제관리외국어, 교통 및 인문사회과학 분야의 학과를 포함하는 종합 대학이다

하얼빈공업대학(哈爾浜工業大學-하얼빈 공예 다쉬에)

하얼빈공업대학은 이공 계열, 상경 계열, 인문 계열, 사회과학 계열의 학과를 갖춘 중국 중점 대학으로 1999년에는 중국 정부가 선정한 10대 국가 우수 대학에서 9위로 선정하기도 했다.

흑룡강대학(黑龍江大學-헤이룽지앙 다쉬에)

문과계 종합 대학이자 헤이룽지앙 중점 대학이다. 하얼빈 지역은 중국에서도 가장 깨끗한 표준어를 사용하는 지역으로 유명하다. 중문과 철학과 등이 비교적 유명하다. 유학생 전공학과로는 중문학, 중국사학, 철학, 국제무역학 등이 있다.

하얼빈사범대학(哈爾浜師範大學-하얼빈 스판 다쉬에)

하얼빈사범대는 교육 중점의 사범 대학이다. 예술학원, 외국어학원, 체육학원, 직업기술학원, 성인교육학원의 다섯 개 단과 대학으로 구성되어 있다.

내이멍구(內蒙古)

내몽고대학(內蒙古大學-내이멍구 다쉬에)

내몽고대학은 민족 특색이 강한 국가 중점 대학이다. 인문학, 생명과학, 경제관리학, 전자계산학, 외국어학, 이공학, 법학과, 국제교육학, 예술학 등이 설치되어 있다. 북경대, 복단대, 절강대 등 많은 학교들과 자매 결연이 맺어져 있다. 내몽고에 대해 관심이 있는 학생이라면 생각해 볼 만한 학교다.

전공	몽고학연구원	몽고족어언문학전공, 신문학, 편집출판학
	몽고학연구원	한어언문학, 신문학, 역사학, 철학, 공공상업관리, 인문역사와 철학종합실험기초
	이공학원	수리기초반, 수학과 응용수학, 정보와 컴퓨터학, 물리학, 응용물리학, 전자과학과 기술, 전자정보과학과 기술, 통신공학자동화
	화공학원	화학, 응용화학, 재료화학
	생명과학학원	생물학기초, 생물과학, 생물기술, 생물공학, 생태학, 환경학
	컴퓨터학원	컴퓨터과학과 기술, 정보관리와 정보계통
	경제관리학원	경제학, 국제경제와 무역학, 금융학, 공상관리학, 회계학, 재무관리, 인력자원관리
	법학원	법학
	외국어학원	영어, 일어, 러시아어

푸지엔(福建)

복건사범대학(福建師範大學-푸지엔 스판 다쉬에)

복건사범대학은 문과, 이과가 모두 갖추어진 종합 대학으로 부설 유치원, 중학교, 고등학교도 설치되어 있다.

하문대학(厦門大學-시아먼 다쉬에)

국가 중점 대학으로 경제 특구 내에 위치해 있다. 인문과학, 사회과학, 자연과학, 기술과학 등의 분야를 고루 갖추고 있는 종합 대학이다. 국제 교류에 중점을 두는 만큼 외국 대학과의 교류가 활발하다.

윤난(雲南)

중국의 소수 민족에 관심이 있고 공부하기를 원하는 사람이면 윤난 지역에서 직접 소수 민족들과 부딪치면서 공부해 보는 것도 좋다. 나도 이곳에서 약 두 달간 생활을 해 보았다. 사람들 인심 좋고 날씨 좋고 길거리에서 쉽게 소수 민족들과도 부딪칠 수 있다. 소수 민족들이 사는 마을을 직접 탐방할 수도 있다.

운남대학(雲南大學-윤난 다쉬에)

운남성 내의 소수 민족을 위해 1951년에 설립되었다. 학생의 95%가 소수 민족이고 25개 소수 민족이 이 학교에서 공부하고 있다.

운남사범대학(雲南師範大學-윤난 스판 다쉬에)

표준화 발음을 가지고 있는 대학원생과 일대일 수업으로 공부할 수 있기 때문에 그만큼 중국어를 체계적으로 배울 수 있는 기회가 좋다.

운남민족대학(雲南民族大學-윤난 민주 다쉬에)

소수 민족 연구에 적절한 학교. 민족학이 발달되어 있다.

지에지앙(浙江)

절강대학(浙江大學-지에지앙 다쉬에)

지에지앙(浙江) 지역에서 가장 규모 큰 대학으로 남방에서 공부하는 이들에게 추천해 주고 싶은 대학이다. 중점 대학으로 현재 중국에서 가장 큰 규모의 종합 대학이다. 다섯 개 지역의 캠퍼스가 있다.

캠퍼스	전 공
학사옥천캠퍼스(玉泉校區)	이공, 경제, 무역, 관리와 국제교육원 위주
서계캠퍼스(西溪校區)	문학, 사학, 철학, 교육학과 법학 위주
화가지캠퍼스(華家池校區)	농업, 생물학, 식품과학, 환경과 자원 위주
호빈캠퍼스(湖濱校區)	의학, 약학, 위생을 위주
지강캠퍼스(之江校區)	이공, 경제, 무역, 관리에 관련된 신입생들을 위한 기본 학습

국립미술학원(國立美術學院-구어리 메이슈 슈에위엔)

절강성 교육위원회 소속으로 본과, 석사, 어학 연수, 중국문화반, 書畵학습반, 고(古)건축학습, 체육훈련 등 과정으로 입학이 가능하다.

꾸앙동(廣東)

광동공업대학(廣東工業大學-꾸앙동 공예 다쉬에)

광동공업대학은 공업 위주의 공과, 이과, 문과가 결합된 중점 대학이다. 기계전자공정, 기계설비, 공업자동화, 전기기술, 환경공정, 건축공정, 교통토목건축, 전산과, 회계학과, 공업외무의 전문 과정이 있다.

광동외어외무대학(廣東外語外貿大學-꾸앙동 와이위 와이우 다쉬에)
광동외어외무대학은 영어, 프랑스어, 독어, 러시아어, 서반아어, 일어, 인도어, 태국어, 월남어 등의 외국어 학과와 금융학, 국제(중국)경제무역, 국제경제법, 국제기업관리, 시장경영과 재무관리, 회계학 등의 과가 개설되어 있다. 외국어와 경제를 같이 공부하는 데 이점이 있다. 또한 홍콩과 마카오를 가까이 접하고 있어 외국 유학생들의 비자를 홍콩이나 마카오에 수시로 왕래할 수 있게 바꾸어 준다.

- **경제한어반 개설**

경제 무역 교류 방면으로 3학기제(1년 6개월)로 구성된 반이다. 기본적인 어학 연수 과정과 함께 중국 문화와 경제 무역 관련 과목(중국경제기초, 경제법규, 경제실무와 경제합작, 상무문서작성, 무역협상회화, 컴퓨터, 기초광동어회화 등)을 공부한다.

중산대학(中山大學-중샨 다쉬에)
중산대학은 광주 지역에선 가장 유명한 대학이다. 현재 현대한어과가 개설되어 있고 HSK 3등급이면 무시험 입학이 가능하다. 신해혁명의 기수이자 삼민주의(三民主義) 혁명가인 손문(孫文)이 1924년에 설립한 대학으로 원명은 광동대학이었다. 역사학 분야에서 뛰어나다.

기남대학

기남대학은 중국 제1의 화교 학교이다. 해외 화교의 중국어 교육과 중국 문화 등의 교육에 중점을 두고 있기 때문에 많은 화교생이 있다. 유학생들도 전반적으로 화교가 주류를 이루며 어학 연수 과정, 상무 한어과, 중국 교사 양성 과정과 본과 입학을 위한 예과반도 개설되어 있다.

화남이공대학(華南理工大學-후아난 리공 다쉬에)

국가 교육부의 중점 대학 중 하나로 빠른 발전을 보이고 있는 대학이다. 광동주강 삼각주 공업 지대 기업의 공장장, 사장의 60% 이상이 이 대학 졸업생이라고 할 정도다. 1999년에는 국가 교육부에 의해 화남 지역 최우수 학교로 선정되었다.

질린(吉林)

동북사범대학(東北師範大學-동베이 스판 다쉬에)

중문학과, 역사학, 교육학과가 유명한 종합 사범 대학이며 한국의 많은 대학과도 자매결연을 맺고 있다. 학교 주변에 영어, 일어 학원이 있어 영어, 일어를 병행해서 공부하고자 하는 학생에게 좋은 곳이다.

길림대학(吉林大學-질린 다쉬에)

자연과학, 기술과학, 인문과학, 사회과학 등의 학과가 설치되어 있

▲ 천진대학의 정문.

는 국가 주요 중점 대학이다. 챵춘(長春)시는 중국에서 표준어를 쓰고 있는 지역의 하나로 과학기술성으로 알려져 있는 중국 10대 지식형 도시 중의 하나다.

길림공업대학(吉林工業大學-질린 공예 다쉬에)

기계광업부 소속의 공과대학으로서 전국 중점 대학이다. 인문사회, 과학대학, 기계공정대학 등 열 개 단과 대학으로 구성되어 있다.

북화대학(北華大學-베이후아 다쉬에)

질린(吉林)에 위치한 주요 중점 대학으로 사범 대학이 같이 설립되어 있다. 학비가 저렴한 편이고 어학 연수 학교로 추천해 주고 싶다.

연변대학(延邊大學-옌비엔 다쉬에)

질린(吉林)에 위치한 연변대학교는 조선 민족의 민족 대학으로 설립되었다. 사범대학, 인문사회과학, 이공대학, 의학대학, 약학대학, 예술대학 등 열 개의 단과 대학이 있으며 86개 학부가 개설되어 있다.

- **본과생 모집학과** : 사범 계열(수학, 물리, 체육, 조선언어문학, 중국문학, 한어, 역사), 경제학, 법률학, 일본어, 영어, 악기, 성악, 미술, 민족음악, 무용 등.
- **경제학부 본과생 과정** : 중국어 수준은 무관하게 입학할 수 있으며 1학년은 어학 연수와 학과 공부를 병행하며 2학년 올라가면서 중국인 학생과 함께 공부한다. 졸업 이수 학점은 140학점이다.

지앙수(江蘇)

남경대학(南京大學-난징 다쉬에)

남경대학은 교육부 직속의 종합 대학으로 현대한어과가 개설되어 있으며, 입학 조건은 HSK 3급이다. 남경은 사투리도 심하지 않고, 물가도 저렴해서 어학 연수를 원한다면 추천하고 싶은 대학이다.

학부 과정에는 중문과, 신문방송과, 철학과 등이 개설되어 있으며 특히 중국 고대문학(희곡) 연구가 활발히 이루어지고 있다. 그 밖에 기상학과 천체물리학과, 화학과 등이 알려져 있다.

남경사범대학(南京師範大學-난징 스판 다쉬에)

중국 냄새가 물씬 풍기는 학교로 90여 년의 역사를 가지고 있는 종합 대학이다. 전공은 경제법정학원, 역사사회학과, 교육과학학원, 신문과 방송학원, 문학원, 외국어학원, 수학과 전산과학학, 물리과, 화학과 환경과학학원, 생명과학학원, 지리과학학원 등이 있다.

산둥(山東)

청도대학(靑島大學-칭다오 다쉬에)

문과대학 이공대학을 모두 구성하고 있는 종합 대학이다. 한국 유학생들이 많기로 유명하다. 청도 지역은 특히 한국 기업이 많이 있고 기후도 좋은 해변가이기 때문에 다른 지역에 비해 한국인들이 많다.

청도해양대학(靑島海洋大學-칭다오 하이양 다쉬에)

해양과 수산 관련 학과를 중심으로 설립된 종합 대학이다. 해양환경, 해양생명, 수산, 경제무역 등 열 개 대학 38개 학과가 있다.

산동대학(山東大學-산둥 다쉬에)

국가교육위원회 직속의 종합 대학으로, 외국어대학. 상경대학. 법과대학 등 아홉 개 대학이 있다. 중국 고전 연구와 중국사 (고대사) 연구에 관심이 있는 사람이라면 생각해 볼 만한 대학이다.

산동공업대학(山東工業大學-산둥 공예 다쉬에)

산둥 교육위원회 소속으로 산둥성 최대 이공 계열 중점 대학이다.

곡부사범대학(曲阜師範大學-취푸 스판 다쉬에)

취푸(曲阜)는 중국의 사상가, 교육가, 정치가인 공자의 고향이기도 하다. 문과·이과·공과 계열의 종합 대학으로 발전했다.

후베이(湖北)

무한대학(武漢大學-우한 다쉬에)

1893년 학당으로 창립된 오랜 역사를 가진 중점 대학으로 동력학, 전력, 수력 등 분야로 매우 특출난 학교다.

후난(湖南)

호남대학(湖南大學-후난 다쉬에)

공과와 화학 분야가 잘 발달되어 있는 종합 대학이다.

중칭(重慶)

중경대학(重慶大學-중칭 다쉬에)

종합 대학으로 국제 교류 분야에 중점을 두기 때문에 여러 국가 대학과 활발한 교류가 이루어지고 있고, 외국 유학생들의 수도 많다.

안휘(安徽-안후이)

안휘사범대학(安徽師範大學-안후이 스판 다쉬에)

안휘사범대학은 문·이과 전공으로 구비된 중점 사범 대학이다. 중문학, 영어, 러시아어, 정치교육, 역사, 유아교육, 미술, 음악, 체육 등 본과 학과를 개설하고 있으며, 현대중국어, 중국고대문학, 중국고대사, 중국공산당사, 음악교육 등 열한 개 석사 학위가 있다. 중점 학과는 유기화학, 동물학, 고대중국어이다. 중국 문화, 중국 미술, 중국 무술 등을 배우고자 하는 이들을 위한 단기, 장기 양성 과정도 있다.

중국과학기술대학(中國科技大學-중구어 커쉬에 지슈 다쉬에)

종합 대학이지만 학교 이름 그대로 과학 기술 중점 학교이고 실험실도 잘 갖추어져 있다.

지앙시(江西)

남창대학(南昌大學-난창 다쉬에)

문과, 이과를 고루 갖춘 지앙시(江西) 유일의 종합 대학이자 국가 중점 대학이기도 하다. 한국 유학생들이 다른 학교에 비해 별로 없다.

산시(陝西)

서북대학(西北大學-시베이 다쉬에)

서북대학은 역사학과, 고고학, 중문과 등을 고루 갖춘 종합 중점 대학이다. 서북대학은 문·이·공·관·법 등 모든 학과가 잘 갖추어져 있는 종합 대학으로 중국의 깊은 역사를 이해하고자 하는 학생에게 좋은 대학이다. 중문과와 고고학이 대표적이다

서북사범대학(西北師範大學-시베이 스판 다쉬에)
중점 대학으로 란주(蘭州)에 위치하고 있다. 중국 내에서 로켓이나 원자력 산업 기지로 유명한 곳이다. 돈황학연구소와 서북문화연구소, 불교미술학으로 유명하다.

칭하이(靑海)

심천대학(深川大學-션추안 다쉬에)
심천대학은 경제 특구인 심천에서 유일하게 외국인 유학생을 받아들이는 대학 중의 하나로 중국의 부잣집 자녀들이 유학을 목적으로 많이 다니기 때문에 간부 자제들을 만날 기회가 많다. 학교에서 홍콩까지 한 시간이면 충분하므로 학교에서 학생 비자를 복수 비자로 바꾸어 주며 대학에서도 인민폐와 달러, 홍콩 달러를 동시에 사용할 수 있다. 광동어를 배우고자 하는 학생들은 이 학교 중국 학생들에게 따로 개인 교습을 받기도 한다.

전공별 대표 학교

문과/이과 계열	
북경대학교	중국인민대학교
복단대학교	남개대학교
무한대학교	천진대학교
천진외국어대학교	요녕대학교
길림대학교	북경어언문화대학교
북경제2외국어대학교	북경수도사범대학교
북경외국어대학교	대련외국어대학교
상해외국어대학교	

상경 계열	
대외경제무역대학교	상해재경대학교

공과 계열	
청화대학교	북방교통대학교
북경항공항천대학교	북경화공대학교
북경이공대학교	동제대학교

중의 계열	
북경중의약대학	상해중의약대학
천진중의학원	남경중의대학

예술/체육 계열	
북경무용대학	중앙음악학원

사범 계열	
북경사범대학교	남경사범대학교
요녕사범대학교	천진사범대학교
화동사범대학교	

중국 유명 대학들의 인터넷 주소/
중국 정보 관련 인터넷 주소

중국 대학은 수시로 정책이 바뀌기 때문에 항상 어떤 대학을 선정해서 가기 전에 그 학교에 직접 확인을 하거나 한국 인터넷에 중국 유학 정보에 관련된 정보를 확인해 연락을 취해 보는 것이 좋다. 여기에 적혀진 중국 각 대학의 인터넷 주소와 중국 정보 관련 인터넷 주소를 참고해서 먼저 잘 알아보고 확인하는 게 시간 낭비, 돈 낭비를 줄일 수 있는 방법이다.

베이징(北京)

청화대학(靑華大學)
www.tsinghua.edu.cn
북경대학(北京大學)
www.pku.edu.cn
중국인민대학(中國人民大學)
www.ruc.edu.cn
북방교통대학(北方交通大學)
www.njtu.edu.cn
중국협화의과대학
(中國協和醫科大學)
www.pumc.edu.cn
중국음악학원(中國音樂學院)
www.ccom.edu.cn
국방기술대학(國防科技大學)
www.nudt.edu.cn
북경공업대학(北京工業大學)
www.bjpu.edu.cn
북경항공항천대학
(北京航空航天大學)
www.buaa.edu.cn
북경화공대학(北京化工大學)
www.buct.edu.cn
북경교육학원(北京敎育學院)
www.bjie.edu.cn
북경과기대학(北京科技大學)
www.cninfo.edu.cn
북경임업대학(北京林業大學)
www.bit.edu.cn
북경농업대학(北京農業大學)
www.cau.edu.cn
북경사범대학(北京師範大學)

www.bnu.edu.cn
북경외국어대학(北京外國語大學)
www.members.xoom.com
북경어언문화대학
(北京語言文化大學)
www.blcu.edu.cn
북경중의약대학(北京中醫葯大學)
www.bjucmp.edu.cn
대외경제무역대학
(對外經濟貿易大學)
www.uibe.edu.cn
북경의과대학(北京醫科大學)
www.bjmu.edu.cn
중앙민족대학(中央民族大學)
www.solar.rtd.utk.edu
중국지질대학(國地質大學)
www.cugb.edu.cn
수도사범대학(首都師範大學)
www.cnu.edu.cn
외교학원(外交學院)
www.fac.edu.cn
북경공업학원(北京工業學院)
www.bjyqx.org.cn
북경연합대학기계공정학원
(北京聯合大學機械工程學院)
www.comebuu.org.cn
북경연합대학중의약학원
(北京聯合大學中醫藥學院)
www.tcm-education.com

티엔진(天津)

남개대학(南開大學)

www.nankai.edu.cn
천진대학(天津大學)
www.tju.edu.cn
천진대학관리학원
(天津大學管理學院)
202.113.12.202
천진상학원(天津商學院)
member.zz.ha.cn
천진사범대학(天津師範大學)
www.tjnu.edu.cn
천진의과대학(天津醫科大學)
www.tjmu.edu.cn
중국민용항공학원
(中國民用航空學院)
www.caic.edu.cn
하북공업대학(河北工業大學)
www.hebut.edu.cn

허베이(河北)

하북대학(河北大學)
www.hbu.edu.cn
하북공업대학(河北工業大學)
www.hebut.net.cn
석가장철도학원
(石家庄鐵道學院)
www.sjzri.edu.cn
연산대학(燕山大學)
www.ysu.edu.cn

산시(山西)

화북공학원(華北工學院)
www.ncit.edu.cn

제5장 자료편 241

태원공업대학(太原工業大學)
www.tyut.edu.cn
www.bupt.edu.cn
태원과기대학(太原科技大學)
www.bupt.edu.cn
태원이공대학(太原理工大學)
www.tyut.edu.cn
산서대학(山西大學)
www.sxu.edu.cn

내이멍구(內蒙古)
내몽고대학(內蒙古大學)
imu.edu.cn
내몽고공업대학
(內蒙古工業大學)
www.impu.edu.cn

리아오닝(遼寧)
동북대학(東北大學)
www.neu.edu.cn
요녕대학(遼寧大學)
www.lnu.edu.cn
hstar.lnu.edu.cn
심양대학(沈陽大學)
www.syu.edu.cn
심양전력학원(沈陽電力學院)
www.synet.edu.cn
심양공업대학(沈陽工業大學)
www.syit.edu.cn
중국약과대학(中國藥科大學)
www.fmu.ac.jp
www.cmu.edu.cn

대련해사대학(大連海事大學)
www.dlmu.edu.cn
대련이공대학(大連理工大學)
www.dlut.edu.cn
대련의과대학(大連醫科大學)
www.dlmedu.edu.cn

질린(吉林)
장춘과기대학(長春科技大學)
www.cust.ji.cn
동북사범대학(東北師範大學)
www.nenu.edu.cn
길림대학(吉林大學)
www.jlu.edu.cn
길림공업대학(吉林工業大學)
www.jut.edu.cn
길림농업대학(吉林農業大學)
www.jlau.cc.jl.cn
연변대학(延邊大學)
www.ybu.edu.cn/
연변과학기술대학(延邊科學技術大學)
www.yust.edu/yust2000/index.html

헤이룽지앙(黑龍江)
동북임업대학(東北林業大學)
www.nefu.edu.cn
동북농업대학(東北農業大學)
www.neau.edu.cn
히얼빈공업대학(哈爾浜工業大學)
www.hit.edu.cn

하얼빈이공대학(哈爾浜理工大學)
www.hrbust.edu.cn
흑룡강대학(黑龍江大學)
www.hlju.edu.cn
하얼빈의과대학(哈爾浜醫科大學)
www.hrbmu.edu.cn

상하이(上海)
복단대학(復旦大學)
www.fudan.sh.cn
동제대학(同濟大學)
www.tongji.edu.cn
상해희극학원(上海戱劇學院)
Gheatreart.163.net
상해의과대학(上海醫科大學)
www.shmu.edu.cn
상해제이의과대학
(上海第二醫科大學)
www.shsmu.edu.cn
상해중의약대학(上海中醫藥大學)
www.shutcm.edu.cn
상해이공대학(上海理工大學)
www.usst.edu.cn
상해사범대학(上海師範大學)
www.shtu.edu.cn
상해수산대학(上海水産大學)
www.shfu.edu.cn
상해외국어대학(上海外國語大學)
www.shisu.edu.cn
상해교통대학(上海交通大學)
www.shnet.edu.cn
www.sjtu.edu.cn

상해대학(上海大學)
www.shu.edu.cn
화동사범대학(華東師範大學)
www.ecnu.edu.cn
화동이공대학(華東理工大學)
www.ecust.edu.cn
화동공업대학(華東工業大學)
www.ecust.edu.cn

지앙수(江蘇)

동남대학(東南大學)
www.seu.edu.cn
하남대학(河海大學)
www.hhu.edu.cn
남경대학(南京大學)
www.nju.edu.cn
남경화공대학(南京化工大學)
www.njuct.edu.cn
남경이공대학(南京理工大學)
www.njust.edu.cn
남경임업대학(南京林業大學)
www.nifu.edu.cn
남경농업대학(南京農業大學)
www.njau.edu.cn
남경사범대학(南京師範大學)
www.njnu.edu.cn

쯔지앙(浙江)

절강대학(浙江大學)
www.zju.edu.cn
절강공업대학(浙江工業大學)
www.zjut.zj.edu.cn

절강농업대학(浙江農業大學)
www.zjau.edu.cn
절강의과대학(浙江醫科大學)
www.zjmu.edu.cn
항주대학(杭州大學)
www.hzuniv.edu.cn

안후이(安徽)

안휘대학(安徽大學)
www.ahu.edu.cn
안휘사범대학(安徽師範大學)
www.ahnu.edu.cn
합비공업대학(合肥工業大學)
www.hfut.edu.cn
합비과기대학(合肥科技大學)
www.seu.edu.cn
중국과기대학(中國科技大學)
www.ustc.ac.cn
www.usts.edu.cn

푸지엔(福建)

복건농업대학(福建農業大學)
www.fjau.edu.cn
복건사범대학(福建師範大學)
www.fjtu.edu.cn
복건중의학원(福建中醫學院)
www.fjtcm.edu.cn
복주대학(福州大學)
www.fzu.edu.cn
하문대학(廈門大學)
www.students.eng.wayne.edu
www.xmu.edu.cn

지앙시(江西)

남창대학(南昌大學)
www.tsinghua.edu.cn
강서재정대학(江西財政大學)
www.tsinghua.edu.cn
화동교통대학(華東交通大學)
www.tsinghua.edu.cn

산둥(山東)

청도대학(青島大學)
www.qdu.edu.cn
청도해양대학(青島海洋大學)
www.ouqd.edu.cn
산동대학(山東大學)
www.sdu.edu.cn
산동공업대학(山東工業大學)
www.sdut.edu.cn
산동농업대학(山東農業大學)
www.sdau.edu.cn
산동사범대학(山東師範大學)
www.sdnu.edu.cn
곡부사범대학(曲阜師範大學)
www.qfnu.edu.cn
연태대학(烟台大學)
www.ytu.edu.cn

허난(河南)

하남대학(河南大學)
www.henu.edu.cn
하남의과대학(河南醫科大學)
www.henmu.edu.cn
개봉대학(開封大學)

www.kaifenginfo.edu.cn
정주대학(鄭州大學)
www.zzu.edu.cn
정주공업대학(鄭州工業大學)
www.zzut.edu.cn

후베이(湖北)
호북대학(湖北大學)
www.hubu.edu.cn
호북의과대학(湖北醫科大學)
www.neurophys.wisc.edu
화중과기대학(華中科技大學)
www.sun200.whnet.edu.cn
화중이공대학(華中理工大學)
www.hust.edu.cn
www.whnet.edu.cn
화중사범대학(華中師範大學)
www.ccnu.edu.cn
동제의과대학(同濟醫科大學)
www.tjmu.edu.cn
무한대학(武漢大學)
www.whu.edu.cn
무한공업대학(武漢工業大學)
www.whut.edu.cn
무한교통과기대학
(武漢交通科技大學)
www.whtu.edu.cn
무한과기대학(武漢科技大學)
www.scripps.edu
무한의학원(武漢醫學院)
www.whmin.edu.cn
중국지질대학(中國地質大學)

www.cug.edu.cn
중국재정대학(中國財政大學)
www.znufe.edu.cn

후난(湖南)
호남대학(湖南大學)
www.hunu.edu.cn
호남농업대학(湖南農業大學)
ux6.cso.uiuc.edu
호남사범대학(湖南師範大學)
www.hunnu.edu.cn
중남공업대학(中南工業大學)
www.csut.edu.cn
국방과기대학(國防科技大學)
www.nudt.edu.cn

꾸앙동(廣東)
광동공업대학(廣東工業大學)
www.gdut.edu.cn
광동외어외무대학
(廣東外語外貿大學)
www.gdufs.edu.cn
광동의학원(廣東醫學院)
www.gdmc.edu.cn
광주대학(廣州大學)
www.guangzu.edu.cn
광주교육학원(廣州教育學院)
www.guangzec.edu.cn
광주사범학원(廣州師範學院)
www.guangztc.edu.cn
중산대학(中山大學)
bbs.zsu.edu.cn

www.zsu.edu.cn
중산의과대학(中山醫科大學)
www.gzsums.edu.cn
화남농업대학(華南農業大學)
www.scau.edu.cn
www.gznet.edu.cn

꾸앙시(廣西)
광서대학(廣西大學)
www.gxu.edu.cn
광서민족대학(廣西民族大學)
www.gxun.edu.cn
광서사범대학(廣西師範大學)
www.gznet.edu.cn
www.gxtc.edu.cn

하이난(海南)
해남대학(海南大學)
www.hainu.edu.cn
해남사범대학(海南師範大學)
www.gznet.edu.cn
해남사범학원(海南師範學院)
www.hainnu.edu.cn
해남의학원(海南醫學院)
www.hainmc.edu.cn

충칭(重慶)
중경대학(重慶大學)
www.cqu.edu.cn
중경건축대학(重慶建築大學)
www.cqjzu.edu.cn
중경학교(重慶學校)

www.cqi.con.cn
중경의과대학(重慶醫科大學)
www.cqums.edu.cn
서남농업대학(西南農業大學)
www.swau.edu.cn
서남사범대학(西南師範大學)
www.swnu.edu.cn
서남정법대학(西南政法大學)
www.swupl.edu.cn

쓰추안(四川)
성도이공학원(成都理工學院)
www.edit.edu.cn
성도중의약대학(成都中醫藥大學)
www.cdutcm.edu.cn
화서의과대학(貨西醫科大學)
www.wcums.edu.cn
사천대학(四川大學)
www.scuu.edu.cn
사천농업대학(四川農業大學)
www.sicau.edu.cn

서남재무대학(西南財政大學)
www.swufe.edu.cn
서남공학원(西南工學院)
www.swit.edu.cn
서남교통대학(西南交通大學)
www.swjtu.edu.cn

꾸이조우(貴州)
귀주대학(貴州大學)
www.gzu.edu.cn
귀주공업대학(貴州工業大學)
www.gut.gy.gz.cn

윈난(雲南)
운남대학(雲南大學)
www.ynu.edu.cn
운남농업대학(雲南農業大學)
www.ynau.edu.cn
운남공업대학(雲南工業大學)
www.ynpu.edu.cn
운남사범대학(雲南師範大學)

www.ynnu.edu.cn
운남민족학원(雲南民族學院)
www.ynni.edu.cn

산시(陝西)
섬서사범대학(陝西師範大學)
www.xapi.edu.cn
서북대학(西北大學)
www.nwu.edu.cn
서북공업대학(西北工業大學)
www.nwpu.edu.cn
서북농업대학(西北農業大學)
www.xanet.edu.cn
서안외어학원(西安外語學院)
www.xanet.edu.cn
서안의과대학(西安醫科大學)
www.xamu.edu.cn
서안교통대학(西安交通大學)
www.xjtu.edu.cn
서안이공대학(西安理工大學)
www.xaut.edu.cn

중국 정보 관련 인터넷 주소

	인터넷 주소
중국 유학 자료실	2chian.co.kr/main.htm
발해유학원	www.jogiuhak.net
베이징유학원	www.liuxue.co.kr
상해탄유니파트	www.shanghaitan.net-상해 학교에 관련된 전문 정보
Chinanow	www.chinanow.co.kr
큰샘유학원	www.kheunsam.com
신세기유학원	www.uhak114.com
China Vision	www.chinavision.co.kr-중국 조기 유학 관련 정보

에필로그

중국에 왜 가세요?

앞에 쭉 늘어놓은 이야기를 이제 정리해야 할 장인 것 같다. 중국에 이미 발을 내디딘 또는 이제 새로운 세계로 뛰어들려고 마음 먹은 분들에게 유익한 외국 생활이 되는 데 도움이 되었으면 하는 바램으로 필요한 부분만 심사숙고해 요약해 보았다.

요즈음 조기 유학에 대해, 유학을 가는 수의 증가에 대해 비난하는 사람들도 참 많다. 하지만 타지에서 새로운 경험을 쌓길 원하는 사람들을 나는 그렇게 비난만 하고 싶진 않다. 1년 열심히 아르바이트를 해서 또는 대학 졸업 후 직장 생활을 하다가 박차고 나와 유학 생활을 시작한 사람들, 어리지만 새로운 세계에 대한 도전으로 짐 보따리 싸들고 온 어린 학생들을 많이도 만났다. 그들에게 무조건적인 비난보다 한마디 격려와 용기를 북돋아 주고 싶은 것이 내 심정이다.

물론 모 TV 시사 프로에 나온 것처럼 중국에 와서 문제를 일으키는 학생들도 있고 자신이 꿈꾸어 오던 유학 생활이 아니어서 좌절하는 학생들도 많이 봤다. 하지만 그건 일부분이다. 반면에 너무나 유학 생활에 적응을 잘해서 정말 멋지게 성공하고 좋은 장소, 좋은 학교에서 공부하는 학생들도 봤다. 하지만 이들도 아주 일부분에 지나지 않는다. 우리가 극과 극에 해당하는 이들을 보고 전체의 유학 생활을 평가할 수는 없다. 이들이 실패했기 때문에 유학 간 이들은 모두 실패한다고 말할 수 없고, 저 애들은 너무 멋지게 꿈에 이룬 듯 성공했기 때문에 나도 내 자식도 그렇게 성공할 거라고 말할 수 없다.

외국에 나가 공부를 한다는 것은 끊임없는 도전이다. 끊임없는 자기 채찍이 필요하다. 너무나 두려운 것도 아니고 그렇다고 남들 다하니까 너무나 쉬운 것도 아니다. 누구든 유학 생활을 끝날 때쯤 되면 후회한다. 내가 왜 이렇게 지냈지라는 한탄이 절로 나오고, 유학 생활을 하면서도 괜히 자기 자신에, 주변에 있는 환경과 사람들에게 너무너무 짜증이 날 때가 많다. 유학 생활은 계속 자신을 돌아보고 또 돌아보는 과정이다.

자신이 중국으로 가겠다고 결정을 내렸을 때는 가서 뭘 할지를 곰곰이 생각해 봐야 한다. 중국어만 배우러 가고 싶다면 중국어만 배우는 거고 중국어를 배우면서 다른 어떤 것도 해 보고 싶다면 해 보는 거다. 내가 중국어를 배워서 뭘 할까도 생각해 봐야 한다. 가는 이유와 가서 뭘 할지를 끊임없이 생각하는 것이 후회하지 않은 중국 생활의

지름길이다.

　한국을 떠나서 새로운 곳으로 발을 내딛으면 다가오는 공기와 바람도 모두 이전과 틀리다. 이제 새로운 세계에 발 도장을 찍으러 가는 거다. 어느 날은 깊고 선명하게 잘 찍히지만 어느 날은 아무리 제대로 찍으려 해도 흐릿하게 찍히고, 심지어는 발목까지 삘 수도 있다. 하지만 앞으로 중국 대륙에 예쁜 발자국을 찍을 많은 한국 젊은이들의 모습을 나는 확실히 기대한다.